ERFOLGREICH STREITEN

Werner Ehrhardt
Thomas Schneider

ERFOLGREICH
STREITEN

Wie man seine Ziele durchsetzt
und trotzdem alle gewinnen

mit der Tit-for-Tat-Strategie

Impressum

Hinweis
Die Ratschläge/Informationen in diesem Buch sind von Autoren und Verlag sorgfältig erwogen und geprüft, dennoch kann eine Garantie nicht übernommen werden. Eine Haftung der Autoren bzw. des Verlags und seiner Beauftragten für Personen-, Sach- und Vermögensschäden ist ausgeschlossen.

Projektleitung
Andrei-Sorin Teusianu

Umschlaggestaltung
* zeichenpool, München

Redaktion
Susanne Schneider

Druck und Verarbeitung
GGP Media GmbH, Pößneck

Printed in Germany

ISBN 978-3-517-08964-5

9817 2635 4453 6271

*Für alle, die sich und anderen das Leben
leichter machen wollen*

Inhalt

Vorwort

Wir alle streiten jeden Tag. Und immer geht es nur um ein Ziel: Wir wollen uns durchsetzen. Manchmal nennen wir den Streit »Diskussion«, manchmal nennen wir ihn beim Namen und manchmal bezeichnen wir den Streit als »Krieg«. Wir streiten vom Aufwachen bis zum Einschlafen (von »Das Frühstücksei ist wieder zu hart« bis »Warum liegt meine Brille nicht auf dem Nachttisch?«). Das klingt harmlos und ist Alltag – und wichtig! Ohne Streit hätte sich die Menschheit nicht so weit entwickelt. Streit will verändern, was gerade ist. Und ohne Veränderung gäbe es keinen Fortschritt. Basta, so ist das und so haben wir es in den Genen. Streiten ist gesund und gehört zum Menschen wie das Atmen.

Doch so gesund Streit ist, so krank ist unsere Streitkultur. Sie hinterlässt mehr Opfer als Sieger. Der Begriff »Streit« ist negativ besetzt. Viele von uns fürchten sich regelrecht vor dem Streiten – sie flüchten in die Weiten der Harmonie. Ihr Bedürfnis, Streit zu vermeiden, macht sie am Ende krank und zum Kunden von Psychopharmaka.

9

Der Grund: Unsere Streitkultur ist archaisch auf »gut & schlecht«, auf »Sieg & Niederlage« programmiert. Und so hinterlässt Streit oft Verletzte mit teilweise lebenslang offenen seelischen Wunden. Verletzt werden aber nicht nur die Unterlegenen, auch die Sieger tragen in der Regel schwere Blessuren davon, weil sie im Streit unangemessene Waffen verwendet haben. Zurück bleiben bei allen Beteiligten oft Kränkung, Schmerz, Frust, das Gefühl von Ungerechtigkeit und Scham.

Niemand kann in einem ganz normalen Alltag Streit vermeiden – mit den Kindern, dem Partner, den Kollegen, den Handwerkern, den Nachbarn oder Verkäufern, oder ... Keine Sorge, das soll und wird sich auch gar nicht ändern, aber wie wir mit Streit umgehen, um uns selbst nicht zu schaden oder bei anderen Schaden anzurichten, das müssen wir ändern – hier lesen Sie eine ganz einfach zu erlernende Gebrauchsanleitung für den Streit, wie Sie mit guten Gefühlen und vielleicht sogar Spaß durchs Leben streiten: Sie müssen nur Tit-for-Tat verstehen.

Tit-for-Tat ist der Fantasiename für ein hochwissenschaftliches Computerprogramm für Konfliktlösungen. Und niemand würde es heute kennen, wenn es nicht alle anderen Programme für Konfliktlösungen bei einem Computerwettbewerb übertroffen hätte. Das Tit-for-Tat-Programm hatte als Grundlage eine 40 Jahre alte Theorie zu »Konflikt und Kooperation« von Thomas Schelling, einem Ökonomen und Professor für auswärtige Politik, nationale Sicherheit, nukleare Strategie und Rüstungskontrolle und dem Mathematiker Robert Aumann als Grundlage, die dafür 2005 den Nobelpreis erhielten.

Wir, die Autoren, haben erfolgreich in unseren Coachings dieses komplexe Programm an philosophische und psychotherapeutische Erkenntnisse gekoppelt und eine eigene Tit-for-Tat-Strategie für den Alltag entwickelt. Einfach ausgedrückt: Bei unserer Tit-for-Tat-Strategie gibt es bei einem Streit nicht einen, sondern zwei oder mehrere Sieger und keinen Verlierer. Die Umsetzung für unseren Alltag ist einfach, wenn man zehn »Streitregeln« beherrscht.

1. Analysiere, ob es sich um eine Verdrängungs- oder Kriegssituation oder um eine Kooperationssituation handelt.
2. Beginne stets freundlich und ehrlich.
3. Sei offen, durchschaubar und berechenbar.
4. Vergiss nie: Es müssen immer alle Beteiligten Gewinner sein.
5. Schlage bei Verrat sofort, aber angemessen zurück.
6. Frage bei Vermutungen aller Art nach, bevor Du reagierst.
7. Entschuldige dich sofort und leiste Wiedergutmachung, wenn Du selbst eine Vereinbarung gebrochen hast oder durch Dich etwas fahrlässig oder schuldhaft misslungen ist; akzeptiere Aggressionen anderer.
8. Kommuniziere sowohl das Positive der Beziehung

11

als auch das konflikthafte der aktuellen Situation.

9. Achte auf die langfristige Ausgeglichenheit des Verhältnisses von Geben und Nehmen.

10. Akzeptiere, wenn ein Partner nicht Tit-for-Tat-fähig ist, und beende die Beziehung.

Zugegeben, da ist noch etwas, was zum erfolgreichen Streiten gehört: Man muss seine Gefühle kennen und beherrschen lernen. Sonst nutzt auch Tit-for-Tat nichts.

Durch dieses Buch begleiten Sie zwei Menschen, Elisabeth und Konstantin, die in der schlimmsten Krise ihres Lebens steckten: Sie stritten sich ihre Ehe kaputt, sie stritten ihre Freunde und den Job weg, sie ertrugen das Leben nur noch mit Alkohol und Tabletten. Am Ende hatten sie ihr gesamtes gespartes Geld in einem Rosenkrieg verpulvert und landeten in meiner Praxis.

Die erste Aufgabe war, dass Elisabeth und Konstantin ihre Gefühle kennenlernen, einordnen und beherrschen lernen mussten. Danach konnten sie dann ihren Streit wieder aufnehmen, aber bitte diesmal mit der Tit-for-Tat-Strategie.

Das Ergebnis schon mal an dieser Stelle vorab: Elisabeth und Konstantin haben ein zweites Mal geheiratet, diesmal ist ein Baby unterwegs, was im ersten Eheanlauf nicht klappen wollte. Beide sind in ihren Berufen erfolgreicher als vorher, Tabletten nehmen sie gar keine mehr und Alkohol wird nur noch gezielt zur Belohnung oder Luststeigerung eingesetzt.

Wer nun glaubt, bei Elisabeth und Konstantin herrsche nun »Friede, Freude, Eierkuchen«, der wird enttäuscht. Die beiden streiten immer noch wie die Kesselflicker, kaum ein Thema, bei dem sie nicht unterschiedliche Meinungen hätten. Aber wo vorher Wut und Hass auf den anderen herrschten, regiert jetzt Respekt und der Versuch, Einigung zu erzielen.

Intro

Der Tag, der in einer Katastrophe endete

Es gibt diese Tage, da weißt Du schon beim Aufstehen: Der Tag kann nicht gut werden. Und wenn Du nicht unser erstes Buch gelesen hast, wirst Du glauben, dass dieser Tag unausweichlich schlecht werden muss. Und ich garantiere, mit dieser Einstellung hat dieser Tag das Zeug, der miserabelste Tag in Deinem Leben zu werden. Für unsere Patienten Elisabeth und Konstantin wurde dieser Tag zur Katastrophe, von der sie sich heute – Jahre später – noch erholen.

Es war der 20. Dezember. Elisabeth, die erfolgreiche Innenarchitektin, hatte schon Weihnachtsurlaub. Ihr Mann Konstantin, auf dem Sprung zum Geschäftsführer eines großen Medienunternehmens, hatte noch einen vollen Terminkalender bis Heiligabend.

Schon rein äußerlich war es ein scheußlicher Tag: Aus dunklen Nebelwolken sprühte Wasser durch die Poren seines

14

Wollmantels. Konstantin hatte einen schlechten Geschmack im Mund, weil an diesem Morgen die Zahnpasta alle war, so sehr er die Tube auch quetschte. Gestern hatte es noch geklappt mit dem Quetschen, heute nicht mehr. Auch das mit dem Kaffee war in die Hose gegangen, die Maschine blinkte nur ein rotes »Funktionsstörung« statt ein grünes »Bereit«.

Ungeputzte Zähne, kein Kaffee, Selbstmordwetter und seine Frau Elisabeth hatte sich auch nur grunzend im Bett umgedreht, als er ihr einen Abschiedskuss geben wollte. Zugegeben ein abgenutztes Ritual, ohne jedes echte Gefühl, ein reiner Pro-forma-Kuss, aber dass Elisabeth ihn heute Morgen ablehnte, kränkte Konstantin zutiefst.

Natürlich war an diesem Morgen die Ampel an der Baustelle auf der Hauptstraße rot. Und natürlich sprang sie heute auch nicht auf Grün, weil irgendein Defekt dem Gegenverkehr freie Fahrt bis in alle Ewigkeit gab. Seinem Chef erklärte Konstantin später den Grund für seine Verspätung erst gar nicht – zu erfunden hätte sie geklungen. Also ließ Konstantin, der Verlagsleiter, sich von seinem Geschäftsführer widerspruchslos als »Penner« und »Pfeife« beschimpfen.

Ilona, seine Sekretärin, war auch noch nicht im Büro. Wütend schmiss Konstantin seinen feuchten Wollmantel auf den cognacbraunen Besuchersessel in seinem Büro. Wer sollte ihm jetzt seinen Kaffee machen? Er hatte keine Ahnung von der Maschine. Schon zum zweiten Mal an diesem Morgen kaffeelos, er hätte k**** können, was ihn umgehend an den unangenehmen Geschmack in seinem Mund erinnerte. Das Telefon klingelte. Ilona war am Apparat, meldete sich krank, erzählte irgendetwas von Frauengeschichten, die bei *ihr so schmerzhaft seien, aber davon habe er ja keine Ahnung. Das erste Positive an diesem 27. November, dass er davon wirklich keine Ahnung hatte.* Doch dann schnaubte Konstantin vor Wut (Ilona hatte schon aufgelegt), als ihm einfiel, dass Ilona neuerdings alle zehn Tage solche schmerzhaften Frauengeschichten hatte. Für wie blöd hielt sie ihn denn? Hatte sie nicht neulich von einem neuen Freund erzählt? Konstantin malte sich aus, wie seine Sekretärin über ihn, den Dummkopf, lachte und sich im Bett an ihren neuen Kerl kuschelte, sich erfülltem Sex hingab. Sex? Den hatte er mit Elisabeth nur noch selten. Und wenn, dann alles andere als erfüllt. Ein Scheißleben, das er führte …

So begann Konstantins Tag und er endete nachts in einer Katastrophe.

Konstantin hatte auf dem Heimweg noch in einer Kneipe angehalten. Er hatte keine Lust auf Elisabeth. Konstantin trank vier Bourbon-Soda und fragte sich, ob er Elisabeth nach acht Jahren Ehe eigentlich noch liebte. Er kam zu dem Schluss: Ja, er liebte sie nach acht Jahren Ehe noch immer – ihren Körper, ihre Schlagfertigkeit und ihren Witz, auch ihren Erfolg.

Zusammen hatten sie es zu einem bisschen Wohlstand gebracht: ein Haus, einen Range Rover (er), einen Porsche 911 (sie). Beide waren sie jetzt Ende 30 und galten als schönes und strahlendes und glückliches Paar. In der Nachbarschaft und im Golfklub waren sie integriert. Sie waren beliebt, weil sie jedem und überall so freundlich und kultiviert erschienen. Und gestritten hatten sie auch noch nie, wenigstens nicht richtig. Die Harmonie, die sie ausstrahlten, pflegten sie auch zu Hause. Dabei gab's 'ne ganze Menge, was ihn an Elisabeth störte. *Nach dem vierten Whiskey zahlte Konstantin und fuhr mit der festen Absicht nach Hause, Elisabeth endlich mal zu sagen, was ihn an ihr störte, vor allem dass sie keine Kinder wollte wegen der Karriere. Er wollte schon immer Kinder. Die Idee mit den Kindern wurde auf dem fünf Kilometer langen Heimweg zur fixen Idee. Als er im Haus ankam, hatte er sich schon richtig in Wut darüber gedacht, dass Elisabeth ihm Kinder verweigerte.*

Elisabeth hatte einen ganz anderen Tag. Endlich hatte sie mal ausgeschlafen, Zeit gehabt, über eine Stunde im Badezimmer zu trödeln. In der Garderobe hatte sie gefühlte 1000 Kleider anprobiert, fand immer wieder neue Stücke, bei denen sie sich dann erinnerte, sie einmal gekauft zu haben, aber die sie nie getragen hatte. Das war aufregend und versetzte sie in gute Laune. Den Nachmittag verbrachte sie auf der riesigen Couch zwischen Stapeln von Interior-Design-Büchern, die sie schon lange mal durchstöbern wollte. Gegen acht Uhr rief sie im Verlag an, aber Konstantin meldete sich nicht, war wahrscheinlich schon auf dem Weg nach Hause. Wie schön. Sie öffnete eine Flasche Rotwein und wartete.

Um neun Uhr abends ging die Tür auf und Konstantin kam hereingestürmt. Elisabeth wollte fragen, wie sein Tag war, aber dazu kam es nicht.

Er schnauzte sie nur an: »Warum willst du eigentlich keine Kinder?«

Elisabeth war baff: »Moment mal, wieso ich? Keine Kinder war doch unsere gemeinsame Entscheidung!«

»Hoho«, *spöttelte Konstantin,* »gemeinsame Entschei-

17

dung«, äffte er sie nach,» als wenn du jemals schon eine Entscheidung mit mir oder jemand anderen getroffen hättest. Es muss doch immer alles nur nach deiner Nase gehen. Ich wünsche mir übrigens schon lange ein paar Kinder!«
Elisabeth höhnte:»Haha, mein Lieber, wünschen reicht da nicht. Kinder muss man machen.«
Konstantin guckte erst erstaunt, dann ungläubig:»Wie meinst du das?«

Der folgende völlig unqualifizierte Dialog über Beschaffenheit der Geschlechtsteile, Impotenz und Frigidität, Gefühlsarmut und Selbstsucht, animalische Triebe und vorgetäuschte Orgasmen ist nicht druckreif.

Das Thema uferte ins Berufliche aus, das Verhältnis zu den jeweiligen Schwiegereltern –»Arschkriecher« und »Schlappschwanz« waren noch verhältnismäßig freundliche Ausdrücke. Der Streit wurde noch einmal in das»gesellschaftliche Ansehen« verlagert: Er sei zum Gespött im Fußballverein geworden, weil er mit seiner dicken Plauze keine Tore mehr schieße. Konstantin höhnte zurück, sie solle besser ihre Bikinis in die Altkleidersammlung geben, so fett, wie sie geworden sei, sei ihr Körper niemandem mehr zuzumuten.

Das war zu viel für Elisabeth. Nicht ihren Körper, für den sie sich so schindete, beleidigen. Sie nahm ihr Weinglas und warf es nach Konstantin. Er ging auf sie zu und knallte ihr eine.

Alle Dämme waren gebrochen: Sie schlug zurück, er schlug zurück, beide heulten und schrien vor Wut. Beide rannten aus dem Haus und rasten davon: sie im Porsche, er im Range Rover; sie zu ihren Eltern, er ins Hotel.

Ende eines Abends.

Beide investierten viel Geld in Anwälte, keiner gönnte dem anderen das Schwarze unter den Fingernägeln.

Konstantin trank seit dem Abend viel zu viel, den Geschäftsführerjob bekam er nicht. Beleidigt kündigte er.

Elisabeth war unkonzentriert, machte viele Fehler als Innenarchitektin, weil sie ihren Kunden nicht zuhörte, nach und nach blieben die Aufträge aus.

Das Haus war verkauft, die Autos auch. Dafür kauften sich ihre Anwälte neue Häuser und Autos.

Das alles passierte vor sieben Jahren.

Es war reiner Zufall, dass sich Elisabeth und Konstantin fünf Jahre später noch einmal wiedersahen.

Konstantin trank nicht mehr und hatte einen neuen Job bei einem Verlag in Hamburg, Elisabeth war von Düsseldorf nach München gezogen, wo sie sich gerade einen neuen Kundenstamm aufbaute.

Er hatte seine Eltern in der Nähe von Düsseldorf besucht und wollte zurück nach Hamburg fliegen, Elisabeth hatte ihr Düsseldorfer Büro aufgelöst und wollte zurück nach München fliegen. Ihre beiden Abfluggates lagen nebeneinander und so begegneten sie sich nach fünf Jahren der Funkstille im Flughafen.

Beide konnten sich zunächst nicht in die Augen schauen. Inzwischen wussten sie, wie bescheuert sie sich damals benommen hatten und wie sehr sie sich dafür schämen sollten.

Ein zweiter Zufall sorgte dafür, dass Elisabeth und

Konstantin den Abend gemeinsam verbrachten. Wegen schweren Schneetreibens hatte Lufthansa für den Abend alle Flüge annulliert. Also fuhren die beiden gemeinsam in die Stadt, gingen abendessen und anschließend ins gleiche Hotel übernachten. Beim Absacker an der Hotelbar muss es dann passiert sein: Konstantins Zimmer blieb leer, er wachte morgens neben Elisabeth auf.

Beide berichten von ungeahnten Glücksgefühlen, die sie an diesem Morgen empfanden.

Ein paar Wochen und ein paar Treffen später beschlossen Elisabeth und Konstantin, es noch einmal miteinander zu versuchen. Doch die Angst, dass sich eine solche Hass-und-Wut-Nacht noch einmal wiederholen könnte, steckte tief in ihnen. Sie wollten diesmal keine Fehler machen und suchten Rat. So wurde ich ihr Streitcoach. Und ich suchte mir als Ratgeber und Diskussionspartner für dieses Projekt den Philosophen und Kommunikationswissenschaftler Thomas Schneider. Das war vor zwei Jahren.

Herausgekommen sind eine bislang sehr glückliche und spannende zweite Ehe von Elisabeth und Konstantin, ihr Baby – und dieses Buch.

Warum uns das Streiten so schwerfällt

Wir haben Angst vor dem Streiten

Im Alltag streiten wir alle viel zu wenig. Warum ist das so? Wir haben Angst vor dem Streiten, oder besser: Wir haben Angst vor uns, wenn wir streiten. Zu oft haben wir erlebt, dass beim Streiten die Gefühle mit uns durchgegangen sind. Wir haben erlebt, dass es nur noch darum ging, recht zu behalten. Dabei wurden wir laut, wollten unbedingt das letzte Wort haben. Oft wollten wir dem anderen nur noch wehtun, weil wir mal wieder keine Lösung gefunden hatten. Wir erinnern uns: Wir wurden sauer, weil der andere nicht zuhörte. Erst recht wurden wir stinksauer, wenn der andere sich mit Angriffen unter der Gürtellinie verteidigte, weil er sich nicht mehr anders zu verteidigen wusste. Wir oder der andere zogen sich in der Regel dann beleidigt und gekränkt zurück. Ein neues Kapitel

21

einer Eiszeit begann. Um die Sache ging es da schon lange nicht mehr, nur noch um die Verletzung. Die Schmerzen dieser Verletzungen dauern oft ewig, weil man sich nicht traut, den anderen darauf anzusprechen. Der Grund ist die Angst, in einer Wunde zu bohren und dabei wieder Schmerz zu empfinden. Also hoffen wir darauf, dass die Zeit die Wunden heilen wird oder der andere sich entschuldigt, denn »wenn ihm wirklich etwas an mir gelegen ist, muss er das ja tun«, denken wir. Tut er aber nicht, weil er unter den gleichen Ängsten leidet. Und so verdrängen wir und verdrängen und verdrängen ...

So der Alltag. Unser Alltag. Wir glauben, einfach nicht anders zu können. Wir könnten aber, wäre da nicht die Angst vor der Spannung, der möglichen Frustration oder der erneuten Kränkung.

Wie also könnte das Streiten anders und besser funktionieren?

Dazu gibt es viele Theorien. Man nennt sie Konfliktlösungsstrategien. Welche funktionieren und welche nur Scharlatanerie sind, darüber könnte man wieder trefflich streiten. In der Regel entscheidet sich jeder von uns für eine Konfliktlösungsstrategie nach seinem Weltbild, geprägt aus seiner Sozialisation, seiner Erziehung und seiner Lebenserfahrung. Und so streiten wir mit patriarchalisch autoritären, mit vermittelnden, traditionell elementaren, ideologisch abgeleiteten, machterhaltenden, humanistischen, christlichen, muslimischen, gewaltlosen oder pragmatischen Strategien.

Aber egal, welche Strategie wir einsetzen, immer wird sie von unserer Angst begleitet sein.

Und damit sind wir mittendrin im eigentlichen Problem: 71 Prozent aller Deutschen sind aggressiv gehemmt. Oder, um es deutlicher zu sagen: Wir ziehen dort, wo wir kämpfen müssten, den Schwanz ein. Wir vermeiden klare Worte, kämpferisches Adrenalin, klare Ansagen und offene Spannungen. Wir mögen es lieber friedlich und freundlich – und möglichst schnell soll der Streit auch gelöst werden. Wir lieben den Kompromiss als Lösung und würden Konflikte am liebsten schon prophylaktisch vermeiden.

So funktioniert die Welt aber nicht. Kompromisse sind oft faul und am Ende gibt es dann doch wieder die großen Verlierer. Und Konfliktvermeidung hat in der Regel nur aufschiebende Wirkung. Was wir brauchen, ist eine pragmatisch einfache, funktionierende, sozial und persönlich sinnvolle Konfliktlösestrategie. So etwas wie die Straßenverkehrsordnung oder die Zehn Gebote.

So etwas wie unsere Tit-for-Tat-Strategie.

In diesem Buch haben wir schon Elisabeth und Konstantin vorgestellt: Sie stehen stellvertretend für alle, die mit der Tit-for-Tat-Methode in unendlich vielen Situationen Konflikte partnerschaftlich lösen konnten.

Wichtigste Voraussetzung ist: Man muss lernen, seine Gefühle in den unterschiedlichsten Intensitätsgraden zu akzeptieren und zu beherrschen. Wenn man seine Aggressionen akzeptieren und steuern kann, ist es leicht, die ungesunden von den gesunden Aggressionen zu trennen und diese zielgerichtet einzusetzen – beim Streiten für sich und seine Ziele und alles, was einem heilig ist. Am Ende wird man sich durchsetzen und Lösungen finden.

Weil das sehr theoretisch klingt, werde ich Sie bei der Umsetzung in die Praxis coachen. Dann lernen Sie, wie man relativ schnell Tit-for-Tat umsetzt. Stellvertretend für Sie sitzen darum noch einmal Elisabeth und Konstantin in meiner Sprechstunde. Das Coaching der beiden erinnert manchmal an Hundeschule, mal an die Armee, dann üben wir wieder Schritte wie im Tanzkurs. Tatsächlich aber geht es nur um Sie!

Dieses Buch ist eine Anleitung zum Streiten.

Die Tit-for-Tat-Strategie basiert auf analytischem Denken, gefühlsintensiv bewusstem und spontanem Handeln – und auf Intuition.

Dieses Buch ist kein Ratgeber. Es geht nicht um übersichtlich strukturierte Richtig- und Falsch-Regeln, die man auswendig lernen muss, um sie sofort perfekt anzuwenden. Diese Illusion wollen wir erst gar nicht vermitteln. Denn so etwas funktioniert im Alltag nicht.

Dieses Buch folgt dem Alltag und wechselt oft von Theorie in die Praxis, von allgemein zu konkret. Wir lernen mit Versuch und Irrtum und es darf (und soll) auch vieles falsch gemacht werden. Wenn wir gelernt haben zu analysieren – Was war Wirkung, was war Ursache? –, wenn wir gedanklich spielen – Wie würde diese Variante wirken und wie jene? –, dann werden wir alle wichtigen Erkenntnisse von ganz alleine in unserem Langzeitgedächtnis abspeichern.

Das Ziel: Wir entwickeln rationale und emotionale Sicherheit beim Streiten.

Warum wir so viel Angst vorm Streiten haben

Als Elisabeth und Konstantin sich so schmerzvoll trennten, blieb bei beiden die Frage »Wie konnte das passieren?«.

So viele Jahre hatten sie zusammengelebt, so viele Jahre voller Harmonie – vermeintlicher Harmonie. Und dann dieser Dezembertag: Kübel voller Dreck hatten sie übereinander ausgegossen. Ihre Gefühle erinnerten an einen Vulkanausbruch – mit glühender Leidenschaft hatten sie sich gegenseitig fertiggemacht. Im Rückblick schämten sich beide, wie krank und kaputt sie sich gestritten hatten. Und sie hatten nichts dagegen tun können. Es war einfach alles so gemein und fies aus ihnen herausgesprudelt.

Und doch hatte sich in die Scham darüber auch ein undefinierbares Gefühl der Erleichterung eingeschlichen, wie die Befreiung von einer Übelkeit.

Elisabeths und Konstantins erster Besuch in meiner Praxis galt der Sorge, ob ihnen das noch einmal in dieser Form passieren könnte, denn das wollten sie beim besten Willen nicht und davor hatten sie ungeheuerliche Angst, denn sie liebten sich, und ein zweiter Ausbruch hätte unweigerlich das absolute Ende für ihre Beziehung bedeutet. Nein, dazu durfte es nicht kommen.

Lektion 1: Gefühle kann man nicht unterdrücken. Sie sind immer da. Bei allem, was man tut, denkt und erlebt.

Es gibt einen Expertenstreit, wie viele Grundgefühle uns beherrschen. Die einen wollen fünf kennen, andere arbeiten mit der Zahl 16 und wieder andere gehen von 146 Grundgefühlen aus. Egal, welche Zahl man annimmt, immer werden sich daraus Tausende von Gefühlsmischungen anrichten lassen. Eins dieser Grundgefühle ist unbestritten die Angst, sie ist sogar eins der wichtigsten Gefühle, die ganz eng mit dem Überleben der menschlichen Rasse verbunden ist.

Angst zu erleben ist gut, sehr gut sogar. Gefühle sind das Wertvollste, was wir haben, sie zeigen uns den richtigen Weg und machen uns lebendig und unvergleichbar. Gefühle sind das Bild unserer Seele. Die Angst gehört unabdingbar zu uns. Wenn wir das Wort »Angst« nicht aus unserem Wortschatz verbannen, sondern akzeptieren, dass sie zu uns gehört, dann ist dies bereits der erste Schritt, unter anderem auch eine erfolgreiche Streitstrategie zu entwickeln. Es geht darum, die Angst zu bewältigen – man nennt das Bewältigungsstrategie. Das bedeutet nichts anderes, als die Angst auszusprechen, sie zu akzeptieren und auszuhalten.

Was ist eine Vermeidungsstrategie, was ist eine Bewältigungsstrategie?

Beides sind Grundbegriffe, die wir am besten am Beispiel Stress erklären können. Machen wir mal einen kleinen Ausflug:

Alle reden über Stress und kaum jemand weiß, was da wirklich abläuft.

Stress besteht aus drei Teilen: dem äußeren Stressor; dem inneren Stressor; den Vermeidungsstrategien. Der äußere Stressor ist eine plötzlich (oder wiederholt) auftretende Mehrfachanforderung mit Überforderungscharakter. Der äußere Stressor löst den inneren Stressor aus – eine Gefühlsüberflutung (Ohnmacht, Hilflosigkeit, Ärger, Wut, Angst, Panik, Druck, Hektik).

In uns kommt es zu einer Explosion oder einer Implosion. Entweder werden wir laut oder schlucken alles runter. Entweder stehen wir unter Strom oder werden eiskalt. Wir schalten um auf Tunnelblick, Konzentration und Übermotivation. Wir wollen schnell alles hinter uns bringen.

Danach stellt sich Erschöpfung ein, wir fühlen uns kaputt und erledigt. In diesem Stadium übernimmt unser Unterbewusstsein das Steuerrad und die Verantwortung. Unser Unterbewusstsein stellt fest, dass wir gerade überfordert waren und nur mit Mühe und Not die Situation irgendwie hinter uns gebracht haben. Irgendwie! Wir haben weder bewusst noch optimal, weder durchdacht noch zielklar gehandelt, wir haben einfach nur irgendwie reagiert.

Unser Unterbewusstsein (unser im Hintergrund arbeitendes persönliches Sicherheitsministerium) sagt dann: »Okay, der Chef war gerade mal wieder überfordert. Wir müssen in Zukunft dafür sorgen, dass wir nicht noch mal in eine solche Situation kommen.« Folgerichtig installiert das Unterbewusstsein eine Vermeidungsstrategie, damit ähnliche Situationen in Zukunft nicht wieder vorkommen. Und für alle Zukunft wird dann diese Vermeidungsstrategie unbewusst abgerufen und eingehalten.

Konkret könnte es so aussehen: Als Kind spielten wir im Garten Fußball und der Ball landete auf dem Grundstück des Nachbarn. Wir krabbelten durch ein Loch im Zaun, um den Ball zu holen. Da trafen wir auf das fletschende Maul vom Nachbarhund. Wir bekamen einen Riesenschreck und schafften es gerade noch zurück durch das Loch im Zaun. Der Hund bellte noch eine Weile, wir zitterten vor Angst und heulten. Zu allem Überfluss setzte es noch eine Strafpredigt von den Eltern mit der Aufforderung, nicht mehr im Garten Fußball zu spielen und vor bellenden Hunden besser einen großen Bogen zu machen.

Der äußere Stressor war der plötzlich auftauchende und bellende Hund.

Der innere Stressor war unsere Angst, die Panik, das Zittern und Weinen.

Unser Unterbewusstsein installierte eine Vermeidungsstrategie: Wo auch immer ein Hund auftaucht – Distanz herstellen oder flüchten; kein Fußball mehr im Garten. Unser Unterbewusstsein hat mit seiner Vermeidungsstrategie bewirkt, dass wir noch heute keine Hunde mögen und dass wir uns unwohl fühlen, wenn wir nur an Hunde denken. Wir leben mit vielen Vermeidungsstrategien und nicht immer sind sie hilfreich.

Ganz anders die Bewältigungsstrategien – in unserem Fall hätte sie so aussehen können: Die Eltern beruhigen uns, gehen dann mit uns zu den Nachbarn. Die zeigen uns, dass der Hund friedlich ist, sich freut, wenn er uns sieht, wenn wir nicht gerade mit einem Fußball auf ihn schießen.

Die Gefühle, die Auslöser der Situation waren, sind dieselben. Gefühle sind immer mit im Spiel, sind immer da. Wenn sie uns stören, wenn wir glauben, sie nicht auszuhalten, wird unser Unterbewusstsein Vermeidungsstrategien installieren, um die Gefühle zu unterdrücken, sie zu kontrollieren – alles um uns zu schützen.

Um aus diesem Teufelskreis zu entrinnen, müssen wir Bewältigungsstrategien entwickeln. Die kann man erlernen, was aber viel anstrengender und aufwendiger ist, als dem Unterbewusstsein die Vermeidungsstrategie zu überlassen.

Die Vermeidungsstrategien sind uns von der Natur mitgegeben, für die Bewältigungsstrategien müssen wir unseren Intellekt bemühen. So wie wir bei der Vermeidungsstrategie ein Leben lang dem Hund aus dem Wege gehen werden, werden wir auch dem Streit aus dem Wege gehen. Angst vorm Streiten, entsteht einfach ausgedrückt wie die Angst vor Hunden. Nur dass es beim Streiten immer um mehrere Gefühle gleichzeitig geht, die beherrscht werden wollen.

Beim Streiten entstehen oft Gefühlsfluten. Auf der einen Seite will man Liebe, Harmonie, Vertrauen, Nähe –

und dann geht alles mit einem durch: Wir fühlen uns blockiert, empört, beleidigt oder gekränkt; wir fühlen uns übergangen, hinters Licht geführt, unverstanden, nicht für voll genommen; wir ärgern uns, sind wütend, leiden oder schämen uns. Wir fühlen unsere Schwäche, uns dem anderen verständlich zu machen, wir fühlen uns angegriffen, wir wollen triumphieren, wollen genießen, recht haben, heimzahlen, zeigen und beweisen. Wir werden gemein und wollen vernichten. Wir pfeifen auf Harmonie, Liebe, Nähe, Verständnis und Freundlichkeit.

Und was kommt danach? Wir schämen uns zu Tode, erinnern uns vielleicht daran, wie wir uns als Kinder oder Jugendliche entschuldigen und zu Kreuze kriechen mussten, wenn wir mal so ausgerastet waren. Was haben wir gehört? »Das tut man nicht.« – »Du bist böse.« – »So können wir dich nicht mehr lieb haben.« – »Tu das nie wieder, sonst müssen wir dich in ein Heim geben« …

Und heute? Statt der Androhung von Liebesentzug und Familienausschluss gibt es heute Ritalin.

Und so beschließt unser unterbewusster Sicherheitsdienst: »Vermeide diese Gefühle, denn sie sind so intensiv, dass wir sie nicht aushalten.« Besser: Sie sind gar nicht da! Also unterdrücken wir schon den Anflug dieser Gefühle, ersticken sie im Keim.

So war das auch bei Elisabeth und Konstantin. Beide sind Scheidungskinder und hassten seit ihrer Kindheit Spannungen, ließen sie einfach nicht zu – bis zu diesem

Dezembertag. Und weil sie keine Bewältigungsstrategie, sondern nur eine Vermeidungsstrategie hatten, die an diesem Tag versagte, geriet ihre Gefühlswelt aus dem Ruder. Ihr Streit endete in der Katastrophe.

Wiederholen wir Lektion 1: Gefühle kann man nicht unterdrücken. Sie sind immer da. Bei allem, was man tut, denkt und erlebt.

Wir müssen verstehen und akzeptieren, dass es immer und überall Gefühle gibt. Und das ist gut so. Wir müssen lernen, dass wir auch bisher abgelehnte Gefühle zulassen. Wir müssen sie einfach nur zulassen, aushalten und ihnen einen Namen geben. Wir müssen sie aussprechen und mit anderen über diese bislang nicht zugelassenen Gefühle reden.

Das alles verlangt Überwindung und Reflexion, aber nur so versetzen wir uns selbst in die Lage, unsere Gefühle zu steuern und zu nutzen.

Gefühle machen uns aus zwei Gründen Probleme:

1. wenn sie zu intensiv sind;
2. wenn sie neu oder sehr komplex sind.

Bislang haben wir gelernt, dass zu intensive Gefühle zu Vermeidungsstrategien führen – und dies seit der frühen Kindheit und vorsichtshalber lebenslänglich. Die meisten von uns haben dieses Programm als Elementar-Strategie auch gleich für alle anderen vermeintlich unangenehmen Gefühle eingeführt. Und so ist sie auch im Einsatz für alles, was noch neu dazugekommen ist – oder im Laufe des Lebens hätte dazukommen müssen.

Bevor wir jetzt das neue Gefühlsbetriebssystem »Alle Gefühle sind okay« installieren, sollten wir auch noch die Angst vor den gemischten und komplexen Gefühlen verstehen.

Elisabeth und Konstantin haben uns da eine großartige Vorlage geliefert. Sie mussten sich nicht nur mit den intensiven, aber bekannten Einzelgefühlen rumschlagen – wie Wut, Hass, Schmerz, Angst, Panik, Trauer und Ohnmacht –, denn da waren, was noch viel schlimmer war, völlig neue Gefühlskomplexe.

Statt Harmonie und Entspannung erlebten sie eine undefinierbare Hochspannung, weil alles gleichzeitig ablief:

- die Kränkung des Verlassen Werdens;
- die Wut bei jedem neuen Anwaltsschreiben;
- der ständig bohrende Schmerz, dass nichts mehr so ist, wie es einmal war;
- das Nicht-verstehen, wie es so weit kommen konnte;
- die ständig wechselnden Ideen, wer woran schuld war;
- das Sichnniemandem-wirklichverständlichmachen-Können;
- das Nichtakzeptieren-Können;
- der tägliche Frust;

- der ständig keimende Ärger, der zu Hass und Rachefantasien wurde;
- die ständige Gereiztheit, weil einem alles zu viel wurde, weil man keine Namen, keine Worte, keine Sprache für diese vielen Gefühle, die ja alle gleichzeitig in einem rumgeistern, hatte.

Und irgendeine innere Stimme schreit ständig herum: »Das halte ich nicht mehr aus!« Das hält niemand aus. Wenn so etwas immer so weitergeht, droht ein Systemabsturz. Blackout. Aus. Finito. Ja, tut denn hier keiner mal was?

Doch, einer tut was: unser Unterbewusstsein. Es reagiert und sagt uns: »Systemabsturz ist nicht tolerierbar.«

Doch hier ist auch das Unterbewusstsein überfordert: Das Einzige, was es sich merken konnte, war der Augenblick, als alles zu viel wurde. Da gab es zwei Merkmale: Die Gefühle waren zu intensiv und es kamen völlig unbekannte Gefühlsmischungen dazu.

Das Unterbewusstsein notierte: »Unbekannte Mischungen größeren Ausmaßes – vermutlich sehr gefährlich.« Es erließ den Beschluss für folgenden Kriseninterventionsplan:

- »Gefühle zu intensiv« oder
- »zu viele Gefühle auf einmal« oder
- »unbekannte Gefühlsmischung«

»… bedeutet Gefahr! Unbedingt vermeiden! Nicht mehr daran denken!«

Die Gedanken von Elisabeth und Konstantin veränderten sich nach dieser Intervention, verdrängten das Geschehene: Aus »Das halte ich nicht aus« wurde ein »Das wird mir *jetzt* zu viel« und wurde später noch einmal heruntergesetzt auf »Bevor mir das jetzt zu viel wird«.

Die Dezembernacht und die anschließende Trennung bekamen die Verdrängungsprädikate: »Das will ich nie wieder erleben!« – »Das tue ich mir nicht mehr an!« – »Das brauche ich nicht schon wieder!« – »Das ist nicht mein Ding!«

So sollte schon mal prophylaktisch alles vermieden werden, was einmal zu wehgetan hatte.

Im Laufe eines Lebens entsteht so ein immer größer und komplexer werdendes System von prophylaktischem Vermeidungsverhalten.

Um prophylaktisch etwas zu vermeiden, müssen wir dauerhaft alles scannen, was gefährlich werden könnte. Es muss rechtzeitig erkannt und eliminiert werden.

Dieses Kontrollsystem könnte man mit den Tausenden von Überwachungskameras in London nach den Terroranschlägen 2007 vergleichen. Seitdem wird alles, was in der Stadt passiert, aufgenommen und archiviert. Das ist unglaublich aufwendig. Darüber hinaus wurde ein sehr schnelles Gesichtserkennungssystem installiert, das jeden auch nur entfernt zur Terrorszene gezählten Menschen in Sekunden erkennt und Alarm schlägt.

Genauso teuer und aufwendig, wie dieses Londoner

Kontrollsystem ist, genauso energetisch aufwendig und psychisch anstrengend ist dieses Gefühlsüberwachungs-, Alarm- und Vermeidungssystem für den menschlichen Organismus.

Kein Wunder, dass das Unterbewusstsein bei so viel Aufwand uns immer wieder verführerische Einsparungsmaßnahmen vorschlägt. Streit und Aufregung können wir ganz einfach aus dem Weg gehen, wenn wir zu allen einfach immer nur nett sind. So lassen sich unsere Kontrollsysteme auf ein Minimum herunterfahren – und alles wird gut.

Also lautet der Auftrag: Sorge immer für Harmonie. Es sind auch alle Arten von Pseudoharmonie erlaubt, weil die anderen das wahrscheinlich gar nicht merken. Hauptsache, wir vermeiden Streit.

Aus dem Gesprächsprotokoll mit Elisabeth:
»Genau diese Sätze sind bei uns ständig gefallen. Ich höre sie auch im Büro. Überall, ständig. Und das war auch bei meinen Eltern so. Die haben sich immer gestritten und angebrüllt. Das war furchtbar. Ich habe das nicht ausgehalten. Manchmal musste ich sie sogar trösten. Jeden einzeln. Ich hatte immer Angst, dass sie sich trennen und mich alleine lassen. Ich war oft ganz allein, hatte einfach nur Angst, habe mich dann unter der Bettdecke verkrochen und mich in den Schlaf gesummt. Ich hatte Angst davor, dass sie wieder schreien und die Beherrschung verlieren. Und deshalb habe ich immer versucht, sie daran zu hindern, war besonders lieb zu ihnen. Ich werde seitdem immer sofort nett und freund-

*lich, wenn ich irgendwo Spannungen spüre. In dieser Diszi-
plin bin ich die Beste. Da bin ich echter Weltmeister, wenn's
darum geht, charmant und nett zu sein.«*

Das Dilemma: Wir haben Angst vor dem Streiten, also
vermeiden wir Streit. Wie kommen wir da raus?

Hier ist der Plan:

1. Akzeptiere alles so, wie es ist.
2. Beachte, dass es zu intensive Gefühle gibt, und
   dass du sie bisher vermieden hast. Damit ist jetzt
   Schluss.
3. Lerne, die »gefährlichen« Gefühle zuzulassen und
   sie zu kontrollieren. Das gibt enorme Sicherheit.
5. Lerne die Spielregeln, wie man richtig streitet. Das
   ist die Tit-for-Tat-Strategie.
6. Lerne alle Gefühle zuzulassen, sie bewusst zu erleben und zu unterscheiden. Das macht hungrig,
   intensiv zu leben und die Angst zu beherrschen.
7. Lerne, gesunde Aggressionen von Aggressivität
   und Feindseligkeit zu unterscheiden. So lernst du
   auch das Böse in dir kennen.
8. Lerne zu verstehen, warum aus gesunden Aggressionen destruktive Aggressivität, zerstörerische
   Feindseligkeit und Autoaggressivität entstehen
   muss und sich verselbstständigt.So wird aus Nebel
   Klarheit, aus Erkenntnissen werden Entscheidungen.

9. Lerne die subtilen Anzeichen von Ärger und Wut zu erkennen, sie zu akzeptieren, zuzulassen, sie zu leben und mit pragmatisch sinnvollen Aggressionsritualen zu kultivieren.Das ist Selbstbefreiung.
10. Entscheide dich, wie ein Streiter zu denken. Ein Streiter kämpft immer für und niemals gegen etwas.
11. Lerne die sechs Grundhaltungen eines Streiters: lieben, akzeptieren, tolerieren, in Kauf nehmen, aushalten und verändern.
12. Erlaube dir zu streiten. Man darf und muss für seine Bedürfnisse, Werte und Ziele, für sich, seine Familie, seine Firma oder sein Land kämpfen dürfen.
13. Lerne, die drei Level von gesunden Aggressionen zu erkennen, zu unterscheiden und bewusst einzusetzen.
   Sich zu wehren und sich durchzusetzen macht Spaß. Es garantiert ein völlig neues Lebensgefühl.
14. Erkenne, wie leicht und schnell im Alltag Aggressionen entstehen, die man akzeptieren muss und für die Lösungen gesucht werden müssen, egal ob es sich um Rollenkonflikte, Zielkonflikte, Bedürfniskonflikte und Wertekonflikte handelt oder um Stress, Zeitnot, Überforderung und Burnout.
15. Lerne, mit den Aggressionen und der Aggressivität anderer umzugehen. Verbinde wirksame Kommunikationsstrategien mit angemessenen eigenen Aggressionen. Niemand muss sich mehr terrorisieren lassen.

17. Lerne, alle deine Gefühle zu akzeptieren, gesunde Aggressionen für deine Ziele zu nutzen, die Tit-for-Tat-Strategie in allen Lebenssituationen bewusst einzusetzen. Das verleiht Lebenskraft.
18. Lebe emotionale Power. Es gibt keinen Lebensbereich, in dem das nicht hilft.

Wie man die intensivsten Gefühle einfach steuern kann

Was sind eigentlich Gefühle?

Es gibt zwei Möglichkeiten, diese Frage zu beantworten: Hoch kompliziert und in Form eines eigenen Buches – oder wir begnügen uns mit der Antwort, dass es sich bei Gefühlen um fließende Energien handelt, die aus Gedanken, Erleben und Verhalten entstehen.

Unsere Gefühlswelt wird schon im Mutterleib angelegt. Das Neugeborene unterscheidet dann zwischen Lustgefühlen und Unlustgefühlen. Sigmund Freud ist der Begründer der Lehre, dass das Lust- und Unlustprinzip das wichtigste Orientierungsmerkmal für das ganze Leben ist. Emotionsforscher versuchen seitdem Gefühle differenzierter zu analysieren. Auch die Pharmakonzerne erforschen unsere Gefühlswelt, um sie mit immer weiterentwickelten Substanzen beeinflussbar zu machen. Uns sollte hier aber nur interessieren, wie wir zu intensive Unlustgefühle steuerbar machen können.

Gefühle, die wir kennen und benennen können, sind ein Baustein für unsere Lebensqualität und Lebenskompetenz. Diese Gefühle zu erleben, sie auszuhalten, zu genießen und sie zu steuern macht uns stolz und führt unmittelbar zu Einzahlungen auf unser Selbstwertkonto.

Gefühle, die wir nicht steuern können, weil sie uns verunsichern und lähmen, empfinden wir als Bedrohung. Sie führen im Ernstfall zu psychologischen Systemabstürzen, immer aber zu eingeschränktem Verhalten – und zur Belastung unseres Selbstwertkontos.

Im Laufe unseres Lebens lernen wir im Rahmen unserer Sozialisierung, Erziehung und Persönlichkeitsentwicklung immer mehr und neue Gefühle zuzulassen, sie zu erkennen und zu benennen, sie zu akzeptieren, sie auszuhalten, zu genießen und zu steuern. Über solche Gefühle können wir sprechen – mit uns selbst und anderen.

Negative Gefühle unterdrücken wir, wir verdrängen und vermeiden sie – egal womit und wie – und sprechen können wir schon gar nicht über sie. Diese Gefühle haben auch keinen Namen, weil wir ihnen keinen geben, keinen geben wollen.

Diese intensiven negativen und die unbekannten Gefühle auszuhalten und zu steuern ist eine elementare Notwendigkeit des Emotionskrisenmanagements.

Mehr oder weniger haben wir dies von unseren Eltern, unserer Familie, von Freunden oder Kollegen im Laufe unseres Lebens gelernt. Mehr oder weniger.

Wenn man überlegt, wie wichtig das Management unserer Gefühle ist, ist unsere Ausbildung in Gefühlsangelegenheiten beschämend dürftig. Das wird sich auf den nächsten Seiten jetzt ändern.

Gefühle zu erkennen, sie zu benennen und zu akzeptieren, verlangt von uns Überwindung, ist aber relativ einfach intellektuell umzusetzen. Wie aber steuern wir unsere Gefühle?

Jetzt bitte nicht lachen oder das Buch weglegen: Wir können zu intensive und bedrohlich erscheinende Gefühle mit einer ziemlich einfachen Körper-Klopftechnik steuern. Es handelt sich hier um eine wirklich professionelle Technik in der Psychotherapie.

Gefühle sind ein psychophysisches Phänomen. Der körperliche Teil unserer Gefühle besteht aus vielen hormonellen, physiologischen und muskeltechnischen Vorgängen. Die müssen wir im Detail gar nicht verstehen, aber wir erleben sie mit jedem Gefühl. Wir müssen uns das so vorstellen: Diese physischen Reaktionen jagen durch den ganzen Körper und passieren dabei Kontrollpunkte. An diesen Kontrollpunkten können wir sie beeinflussen. Das sind bestimmte Meridiane, Akupressur- und Akupunkturpunkte. Man kennt sie von unterschiedlichen asiatischen Heilmethoden. Diese Punkte sind übrigens bei allen Heilverfahren in Indien, China, Japan, Korea, Indonesien und Bali identisch. Das heißt, es sind ideologieunabhängige, empirisch bewährte Heilverfahren.

Das ist insoweit beruhigend, als der Heiler Gary

Craig, der diese Technik für Europa pragmatisch aufbereitet und verbreitet hat, wie viele Heiler, die nicht der Schulmedizin entstammen, umstritten ist. Das ist jetzt aber egal, denn wir wollen die Technik nicht zur Heilung einsetzen, wo sicherlich je nach Krankheit Zweifel angebracht sind, sondern wir wollen die Erkenntnis der Kontrollpunkte nur prophylaktisch nutzen.

Gary Craig hat übrigens nichts anderes gemacht, als diese geniale, sofort wirksame und einfach anzuwendende Technik – er nennt sie EFT (Emotional Freedom Technique) – kostenfrei ins Internet zu stellen. Die Leute, die daraufhin zu ihm kamen, hat er dann in und mit dieser Technik »ausgebildet«. Mittlerweile ist EFT international so bekannt und wird von so vielen »Heilern und Helfern« angewendet, dass es eine unüberschaubare Menge an zufriedenen Nutzern und begeisterten Anwendern gibt.

In der Tat hat diese Technik für die Psychotherapie eine ähnliche Bedeutung wie für die Menschheit die Entdeckung des Feuers. Mit dem Unterschied, dass wir EFT zum Löschen von Feuer einsetzen.

Noch eine Abschlussbemerkung zu EFT: Auf YouTube gibt es heute Hunderte von Videoanleitungen für EFT. Jeder Heiler, der etwas auf sich hält, hat EFT variiert und preist seine Variante als Nonplusultra an. EFT-Fundamentalisten haben einen Werbefilm ins Netz gestellt, in dem sie beschreiben, dass man mit EFT so gut wie alles heilen könne. Das ist natürlich Humbug! Das soll aber bitte nicht davon ablenken, dass EFT für unsere Zwecke der Gefühlssteuerung eine wunderbare Methode ist.

Wie funktioniert nun diese Klopftechnik?

Um an dieser Stelle noch einmal ganz deutlich zu machen, dass wir mit dieser Klopftechnik nicht heilen wollen, geben wir ihr einen anderen Namen: Gefühls-Regulations-Prophylaxe-Technik = GRPT.

Die GRPT hat drei Teile:

- **Einen körperlichen Teil**
  Das Beklopfen der Kontrollpunkte, die die Gefühle im Körper passieren müssen.
- **Einen mentalen Teil**
  Das ist die mentale Neuprogrammierung. Es wird laut ausgesprochen und bewusst neu definiert, was im psychologischen Betriebssystem unbewusst abgelaufen ist.
- **Einen beschließenden Teil**
  Hier wird die Entscheidung getroffen, dass man es wirklich ernst meint.

Das klingt nur ein bisschen kompliziert, ist aber ganz einfach: Man klopft, spricht und meint es ernst.

Hier die acht Klopfpunkte:

1. an der linken Handkante,
2. an der Stirnmitte zwischen den Augenbrauen,

3. am linken Augenrand, wo der Schädelknochen beginnt,
4. unterhalb des linken Auges, zwischen Auge und Nase, dort, wo man den Knochen des Nasenbeins spürt,
5. unterhalb der Nase, über der Oberlippe, da, wo man den Knochen des Oberkiefers spürt,
6. zwischen Unterlippe und Kinn, auf dem sogenannten Grübchen, wo man den Unterkiefer spürt,
7. auf der linken Brust, in der Mitte zwischen Schulter und Hals ca. 2 Zentimeter unter dem Schlüsselbein, und
8. eine Handbreite unterhalb der linken Achselhöhle.

Und wie klopft man?

Ganz einfach: Die Klopfpunkte 1 bis 6 klopft man mit dem Mittelfinger, für den Klopfpunkt 7 nimmt man alle 5 Finger und den Klopfpunkt 8 beklopfen wir mit der flachen Hand.

Geklopft wird so kräftig, wie es geht. Am Anfang wird man eher zaghaft klopfen, später mit Kraft und irgendwann mit voller Kraft.

Soweit der körperliche Teil. Für den mentalen Teil müssen wir uns einen wiederkehrenden Text zurechtlegen, um die Neuprogrammierung vorzubereiten.

Nehmen wir an, das Gefühl wäre Wut. Dann könnte der Text so lauten:

Wut, ich akzeptiere dich.
Du gehörst zu mir.
Ich entscheide selbst,
wann und wo ich dich lebe
und wann und wo nicht.
Ich bin stark.

Diesen Text spricht man laut und entschlossen, während man die Punkte der Reihe nach beklopft.

Wichtig ist, dass wir die Stärke unserer Gefühle selbst einschätzen können. Hilfreich ist da eine fiktive Skala von 1 bis 10, die wir uns zurechtlegen. 1 bis 3 beschreibt eine angenehme Gefühlsintensität. 4 bis 5 ist schon intensiv und gerade noch ertragbar. 6 bis 7 auf der Skala ist kaum noch auszuhalten. Die Intensitätsstufen 8 bis 10 sind extrem unangenehm bis nicht mehr auszuhalten.

Wann immer ein erlebtes Gefühl schwer oder sehr schwer ertragbar ist, lohnt es sich, GRPT einzusetzen. Wir nennen das Gefühl beim Namen, sprechen unseren Text und klopfen zwei bis drei Mal das komplette Programm. Wenn wir die Intensität des Gefühls mit 9 einschätzen, sollten wir mit jedem Klopfdurchgang die Intensität um ein bis zwei Punkte senken können. Mit dem zweiten oder dritten Durchgang sind wir dann meistens wieder in einem Bereich bei 5 angelangt, in dem das Gefühl ertragbar ist.

So also funktioniert die Gefühlsfeuerwehr.

Eine zunächst unglaubliche Methode. Wer sie das

erste Mal ausprobiert, bei dem kann es schon mal passieren, dass er den Text vergisst – oder Teile davon. Das macht nichts. Um zu üben, sollte die GRPT schon bei Gefühlsintensitäten in den Bereichen von 5 und 6 angewendet werden. Man kann danach gar nicht glauben, dass so etwas Einfaches überhaupt funktioniert. Wenn man GRPT auch bei Gefühlsintensitäten von 7 und 8 ausprobiert – und es klappt und man ist hinterher ruhiger –, wird das meist als großer Sieg gefeiert. Und es ist ja auch ein großer Sieg über bisher unbesiegbare Monster.

Wer es mehrere Male erlebt hat, dass man solche inneren Brandherde, solche unerträglichen Gefühlsflächenbrände mit eigener Kraft regulieren und steuern kann, feiert das gerne wie den Führerschein. Zu Recht. Hier werden Grenzen überschritten, von denen man vorher glaubte, dass man sie niemals würde überwinden können.

Es lohnt sich also, so schnell wie möglich damit anzufangen und viel zu üben.

Oft ist das Gefühl klar und eindeutig wie Ärger, Verzweiflung, Hass oder Schmerz. Dann heißt es klopfen und sich neu programmieren:

Schmerz, ich akzeptiere dich.
Du gehörst zu mir.
Ich entscheide selbst,
wann und wo ich dich lebe
und wann und wo nicht.
Ich bin stark.

Oder:

> Verzweiflung, ich akzeptiere dich.
> Du gehörst zu mir.
> Ich entscheide selbst,
> wann und wo ich dich lebe
> und wann und wo nicht.
> Ich bin stark.

Es gibt auch Situationen, in denen man von zwei oder drei Gefühlen gleichzeitig übermannt wird, zum Beispiel Ohnmacht und Angst oder Wut, Schmerz und Verzweiflung. Entsprechend wird der Text variiert:

> Wut, Schmerz und Verzweiflung,
> ich akzeptiere euch.
> Ihr gehört zu mir.
> Ich entscheide selbst,
> wann und wo ich euch lebe
> und wann und wo nicht.
> Ich bin stark.

Und wenn ein Gefühl noch keinen Namen hat, dann nennen wir es auch so:

> Unbekanntes Gefühl, ich akzeptiere dich.
> Du gehörst zu mir.
> Ich entscheide selbst,
> wann und wo ich dich lebe
> und wann und wo nicht.

Ich bin stark.

Wenn wir uns mit drei Durchgängen von 8 auf 4 runtergeklopft haben, bekommt das Gefühl oft spontan auch einen Namen. Das ist ein häufig zu beobachtender Nebeneffekt der Klopftechnik.

In dem dritten, dem beschließenden Teil der GRPT, geht es auch um ein Gefühl, das sich ganz natürlich bei der Klopftechnik am Anfang einstellt:»Das Klopfen ist doch albern, eigentlich sollte ich mich dafür schämen, dass ich so etwas tue.« Die gute Nachricht: Ich kann klopfen und mich neu programmieren, ohne dass mich jemand beobachtet. Die schlechte Nachricht: Hören Sie auf, weiterzulesen, vergessen Sie alles, wenn Sie ihren Programmierungstext nicht ernst meinen und ernst nehmen. Sie müssen die Entscheidung treffen, dass Sie Ihre Gefühle steuern wollen.

Hier noch einmal eine Erklärung für den vorgeschlagenen Text:

• Aus dem bisherigen Vermeiden und Ablehnen von Gefühlen wird:
Ich akzeptiere dich.

• Aus dem bisherigen »Hau ab, du bist mir fremd, ich muss dich vernichten«, wird ein Liebesbekenntnis:
Du gehörst zu mir.

• *Ich* entscheide ...

… ist ein Satz höchster Souveränität und sollte aus voller Überzeugung ausgesprochen werden. Er zeugt von einem vollen Selbstbewusstsein.

- **Wann und wo ich dich lebe und wann und wo nicht …**
  … ist Macht, Einfluss und Selbstbestimmung in Reinform.

- **Ich bin stark!**
  Das ist wie Wasser in der Wüste. Mehr geht nicht.

Wichtig ist, dass wir uns diese Sätze in ihrer Bedeutung klarmachen und sie in unserem Gehirn bis in den letzten Winkel unseres Unterbewusstseins implantieren. Nur so können wir unser psychologisches Betriebssystem kontrollieren und steuern. Hinter diesen Sätzen steht eine Ideologie, die man mit Stolz ruhig vertreten darf: Ich bin der wichtigste Mensch in meinem Leben.

Mit diesem Selbstwertgefühl werden wir unsere Programmierungstexte auch nicht mechanisch aufsagen wie ein ungeliebtes Gedicht oder ein sinnentleertes tausendstes Vaterunser, sondern wir werden den Text mit höchstem Stolz und mit der größten Würde sprechen.

Elisabeth ist begeistert, Konstantin ist skeptisch. Beide sollen eine Woche lang mit der Klopftechnik experimentieren. »Entdeckendes Erfahrungslernen« nennt man das. Man probiert einfach ein bisschen herum, merkt, was klappt und was nicht und kann dann mit seinem Coach die neuen Erfahrungen einordnen.

Elisabeths Bericht nach dieser Woche zusammengefasst lautet:

»*Ich habe an unseren großen Streit gedacht und war ruckzuck wieder mittendrin in diesen Gefühlen von Wut und Beleidigtsein. Bei Wut war ich auf der Skala sogar schon bei 10 angekommen. Ich dachte, mir platzt der Kopf, ich hatte Herzrasen und mir war sauheiß. Ich habe dann dreimal geklopft und muss sagen, ich hab's runter auf bestimmt nur noch 4 gebracht. Ich musste dann plötzlich so lachen, weil mir meine ganzen Rachefantasien von damals wieder einfielen. Ich find's einfach nur sensationell, wie ich in 20 Minuten meine Gefühle offensichtlich selbst geändert habe.*«

Konstantin dagegen ist voller Zweifel und Bedenken. Sein Bericht:

»*Also, ich habe erst einmal bei Google nachgeschaut und festgestellt, dass diese Methode doch sehr kontrovers diskutiert wird. Und dann habe ich es ausprobiert, wusste aber gar nicht, was ich da beklopfen sollte. Außerdem kam ich mir vor wie Jack Nicholson in* Einer flog über das Kuckucksnest.

Ich lebe in einer Welt von Tatsachen, Fakten und Ergebnissen. So ein Schwachsinn von Gefühlsduselei regt mich nur auf.«

Was Konstantin da erlebt hat, sind Gefühle. Wie die Münze zwei Seiten hat, gehört zu jedem Gedanken auch ein Gefühl: in diesem Fall Misstrauen und Ärger. Es kam zu folgendem Dialog zwischen Konstantin und seinem Coach:

Konstantin: »›Misstrauen‹ ist aber völlig untertrieben. ›Abgrundtiefes Misstrauen‹ und ›Tausende von Zweifeln‹ würde besser passen. Und ansonsten bin ich schwer empört über so einen Schwachsinn.«

Coach: »Ich klopfe dich jetzt und du sagst einfach nur nach, was ich dir vorsage.«

Konstantin ist einverstanden. Der Coach klopft und sagt:

»Abgrundtiefes Misstrauen, tausendfacher Zweifel
und schwere Empörung,
ich akzeptiere euch.
Ihr gehört zu mir.
Ich entscheide selbst,
wann und wo ich euch lebe
und wann und wo nicht.
Ich bin stark.«

Beim ersten Mal klopfen und sprechen hatte Konstantins Stimme die gleiche Lautstärke wie die des Coachs. Beim zweiten Durchgang wurde Konstantins Stimmer lauter. Er atmete sehr intensiv. Beim dritten Durchgang wurde er wieder etwas leiser.

Coach: »Und, wie war es?«

Konstantin strahlt: » Kann ich das gleich noch mal, aber alleine machen?«

Coach: »Klar.«

Konstantin schloss die Augen und klopfte dreimal durch: »Hey, wie gut tut das denn?«, *lachte er.* »So wohl habe ich mich ja schon lange nicht mehr gefühlt!«

Was Konstantin hier erlebte, ist für Menschen, die viel mit dem Verstand arbeiten und eher rational und analytisch denken, absolut normal. Diese Menschen haben gelernt, allen Gefühlen skeptisch gegenüberzustehen, sie besser niemals zuzulassen und sich nie in die Gefahr zu begeben, von ihnen überflutet zu werden. »Disziplin üben« heißt diese Erziehung, die auch Konstantin erfahren hat. Ohne Wertung führt dieser autoritäre Erziehungsstil zwangsläufig zu Vermeidungsstrategien im Gefühlsleben. Die Disziplin wird eingehalten, hat sich fest in das Bewusstsein wie ins Unterbewusstsein eingebrannt und ist zum Gesetz geworden, das niemals verletzt werden darf.

Die Kehrseite dieser extrem anstrengenden Lebensweise sind die ewigen Zweifel und das abgrundtiefe Misstrauen gegenüber allem, was impulsiv und nicht rational abgeleitet ist: Alles muss erkannt, kontrolliert oder unterdrückt werden. Was Konstantin bis eben treu und zuverlässig gemacht hatte. Doch jetzt hat er dieses anstrengende Muster das erste Mal durchbrochen, und es hat sich fantastisch angefühlt. Er wird es wiederholen wollen. Es war für ihn erleichternd, dass gleich dreimal das Gefühl erlebte, er habe von irgendwoher eine Erlaubnis bekommen:

dass er misstrauisch und empört sein durfte;

dass ihm jemand dieses seltsame Klopfen, bei dem er sich blöd vorgekommen wäre, abgenommen hat;

dass er ohne Schuld- und Peinlichkeitsgefühle selber klopfen durfte;

Danach war Konstantin so begeistert, dass er die Klopf-technik immer häufiger anwendete. Er berichtete, dass er fast sechs Wochen lang immer wieder in Lachen aus-brach, wenn er sich wieder von dem Fluch eines Ge-fühlsausbruchs befreien konnte. Es war das Fröhlich-sein von jemandem, der aus seinem inneren Gefängnis ausgebrochen war.

Damit hatten Elisabeth und Konstantin die emotionale Streitreife erreicht. Erst wenn man seine Gefühle steu-ern kann, macht es Sinn, sich damit zu beschäftigen, wie man richtig streitet.

Nur wer seine Gefühle steuern kann, ist in der Lage, die schwierige Frage zu beantworten, wie viel Prozent Verständnis und wie viel Prozent Konfrontation in ei-nem Streit Sinn machen, oder wann man Verständnis aufbringen und wann und wie stark man auf Konfron-tation gehen sollte. Es wird spannend …

Wie streitet man richtig?

Genug der Vorworte und Vorspiele. Wir haben gelernt, dass erfolgreiches Streiten nur funktioniert, wenn wir unsere Gefühle steuern können. Das haben wir jetzt gelernt. Nun brauchen wir nur noch die richtige Strate-gie: Und die heißt Tit-for-Tat, kurz: Tit-for-Tat.

Fangen wir mit dem Besten von Tit-for-Tat an. Der Chef einer Werbeagentur hat es einmal so formuliert:

»Seit ich Tit-for-Tat kenne, weiß ich immer, wann und wo ich böse werden darf und muss. Früher war ich in dem Punkt immer unsicher und habe mich entweder nicht getraut oder bin an der falschen Stelle explodiert. Und ich wusste auch nie, wie viel Aggression okay ist und wie viel notwendig ist. Heute ist es egal, wie schwach oder stark ich mich gerade fühle, in mir läuft automatisch das Tit-for-Tat-Programm, zum Beispiel: Schlage bei Verrat sofort und angemessen zurück. Damit habe ich bis heute 99 Prozent meiner Konflikte für alle Seiten annehmbar lösen können.«

Um Tit-for-Tat immer richtig anzuwenden, sollten wir die Streitausbildung systematisch gestalten und von Anfang an auf Vollständigkeit achten. Denn diese Strategie funktioniert nur dann, wenn wir das Gesamtsystem und alle seine einzelnen Bestandteile verstanden haben. Erst dann kommt die richtige Reaktion quasi aus dem Speicher des Unterbewusstseins – punktgenau, wirksam, annehmbar und überzeugend.

Die Tit-for-Tat-Strategie

Die Entstehungsgeschichte von Tit-for-Tat

Es gibt sehr viele Ratgeber, die Tipps geben, was man beim Streiten alles beachten sollte. Vieles daraus kann man gut für den Alltag gebrauchen. Manche Bücher enthalten wirklich wertvolle Ratschläge von weisen Lehrern und Profis. Wer sich wissenschaftlich mit dem Phänomen Streiten auseinandersetzen mag, kann dies an der Universität im Rahmen des Studiengangs Mediation tun und sogar mit einem Diplom abschließen. Die meisten von uns werden sich beim Streiten aber auf ihren gesunden Menschenverstand verlassen. Doch der kann uns, wie eingangs gesehen, auch mal verlassen. Die meisten von uns streiten am liebsten gar nicht, verdecken die Streitthemen mit gewollter Harmonie. Das ist schade, denn so entsteht Frust, den wir oft gar nicht erklären können. Wer nicht streitet, gerät in einen Gefühlsstau, der irgendwann entweder völlig unkontrolliert, wie bei Elisabeth oder Konstantin, ausbricht und

Katastrophen produzieren kann, oder aber die eigene Persönlichkeit leidet still unter den nicht ausgelebten Gefühlen, was auch nicht gerade Lebensqualität bedeutet. Im Umkehrschluss bedeutet das: Streiten ist gesund und wichtig für das Wohlbefinden.

Drei Parameter begleiten jeden Streit:

1. Es sind immer Gefühle beteiligt.
2. Es geht immer um etwas.
3. Jeder Streit ist anders.

Alle bekannten Theorien analysieren unser Verhalten in den einzelnen Parametern. Es gibt nur eine Theorie, die alle drei Phänomene gleichzeitig berücksichtigt: die Tit-for-Tat-Strategie. Das ist einmalig. Und ziemlich neu, denn Tit-for-Tat in der Psychotherapie als Streitstrategie einzusetzen, ist weitgehend noch unbekannt.

Entdeckt wurde Tit-for-Tat eher zufällig.

Lange Zeit glaubten die Menschen, wo ein Gewinner ist, müsse auch ein Verlierer sein. Es gab nur Gewinnen oder Verlieren, getreu dem Motto »Es kann nur einen geben«. Auslöser war die Erkenntnis, dass es immer Kämpfe geben werde und es deshalb nur sinnvoll sei, alle Macht in der eigenen Hand zu behalten.

Die Welt glaubte daran, und wenn alle an etwas glauben und niemand daran zweifelt, nennt man das ein Paradigma. Das galt bis vor 40 Jahren, bis der amerikanische Rechtswissenschaftler Roger Fisher und der Mediator und Autor William Ury das nach ihrer Universität benannte Harvard-Konzept entwickelten. Sie wiesen nach, dass nicht alle Situationen zwischen Menschen Gewinner/Verlierer-Situationen sind oder sein müssen. Sie beschrieben wissenschaftlich, dass es bei vielen Situationen besser ist, wenn beide Seiten Gewinner sind – nicht in allen Situationen, doch in sehr vielen. Das Win-win-Konzept des gemeinsamen Gewinnens war geboren und feierte seinen Siegeszug rund um die Welt. Alle sprachen davon, es wurde gefeiert und es wurde gepredigt und wir haben es in den Alltag übernommen. Wenn wir eine Win-win-Situation herstellen können, sind wir gut.

Ein Paradigmenwechsel war vollzogen. Und wie immer, wenn es etwas Neues gibt, sprießen bald auch die ideologischen Hardliner, Fundamentalisten und Prediger aus dem Nirgendwo. Sie wollten die Welt in menschlich verständlicher, pseudoharmonischer Absicht und nur im Namen des Guten unter ihrer Führung vereinigen. Für sie gab es nur noch Win-Win. Und wer nicht bei Win-Win mitmachen wollte, der war böse, schlecht, ein Sünder. Das Einzige, was die fundamentalen Ideologen bewiesen: Das Harvard-Konzept war an seine Grenzen gestoßen. Doch was sollte hinter diesen Grenzen kommen?

Es begann mit einem Computerturnier. Der amerikanische Politikwissenschaftler Robert Axelrod, der noch heute das Pentagon bei Krisen berät, wollte wissen, ob es eine optimale Konfliktlösungsstrategie gibt. Konflikte und Konfliktlösungen lassen sich abstrakt theoretisch abbilden. Axelrod forderte die besten Programmierer der Welt auf, Programme für Konfliktlösungen zu schreiben. Diese Programme ließ er mit fiktiven Konflikten gegeneinander antreten. Jede Strategie bekam einen Kunstnamen. Die mit dem Namen Tit-for-Tat schlug alle anderen Programme, wieder und immer wieder.

Axelrod veröffentlichte die Ergebnisse und sofort begannen die unterschiedlichsten Fakultäten verschiedener Universitäten, diese abstrakte Tit-for-Tat-Strategie in alle Wissenschaftsbereiche zu übersetzen. Ein Ergebnis war unter anderem der Nobelpreis für den Ökonomen und inzwischen emeritierten Politikprofessor Thomas C. Schelling und den Mathematiker Robert Aumann im Jahr 2005. Sie hatten die Tit-for-Tat-Strategie eingesetzt, um mathematisch zu analysieren, warum die einen Preis- und Handelskriege zwischen Volkswirtschaften positiv ausgehen und andere dagegen in einer Katastrophe endeten. Sie konnten mit dieser Strategie auch nachweisen, warum bestimmte Gemeinschaften sehr viel erfolgreicher ihre allen zur Verfügung stehenden Ressourcen verwalten konnten als andere. Das Denken und Handeln in Win-win-Kategorien ist seitdem um das Streitmodul Tit-for-Tat erweitert worden, Letzteres ist heute unverzichtbarer Bestandteil jeden Krisenmanagements in Politik und Wirtschaft[1].

---

1 siehe auch: Adam Brandenburger und Barry Nalebuff: *Coopetition – Kooperativ konkurrieren. Mit der Spieltheorie zum Unternehmenserfolg,* Campus 1996 und Stephen R. Covey: *Die 3. Alternative. So lösen wir die schwierigsten Probleme des Lebens,* Gabal 2012

Donnerwetter. Und warum ist diese Strategie dann so unbekannt? Tit-for-Tat hat Einzug in die Wissenschaft, in die Politik und Wirtschaft genommen, im Alltag ist Tit-for-Tat noch nicht angekommen. Doch das ändert sich nun: Die Alltagstauglichkeit als Streitstrategie habe ich gemeinsam mit meinem Kollegen Martin Rieger entwickelt.

Vier Monate haben wir daran gebastelt, Tit-for-Tat als Alltagstraining für die Psychotherapie brauchbar umzubauen, denn was auf der strategischen Ebene genial ist, muss noch lange nicht automatisch auch in der Psychologie funktionieren. Unser erstes Tit-for-Tat-Training machten wir dann mit einem total zerstrittenen Führungsteam aus der Werbebranche, das nach heftigen emotionalen Turbulenzen wieder zusammenarbeiten wollte, aber nicht konnte. Kurz: Das Training war ein voller Erfolg. Gemeinsam legten die drei Chefs danach mit ihrer Agentur einen Höhenflug hin. Das war sogar mehr, als wir erwartet hatten.

In diesem ersten Training mit den Werbern legten wir unseren Fokus verstärkt auf die Tit-for-Tat-Bestandteile »freundlich beginnen und durchschaubar sein« und das »Verzeihen«. Der Hit bei unseren drei Patienten war aber das »sofortige und angemessene Zurückschlagen«.

Seitdem haben wir jede Menge Trainings und Workshops erfolgreich absolviert:

- mit einem Familienunternehmen, in dem mehrere Söhne mit den Eltern um die Macht rangelten;
- mit einer Bank, in denen die Mitarbeiter über die Kriterien der Kreditvergabe wie die Kesselflicker stritten;
- mit einem mittelständischen Unternehmen, das in eine neue Liga aufgestiegen war und sich urplötzlich auf dem Weltmarkt behaupten musste;
- mit einer Fitnesskette, in der sich die Geschäftsführer der Einzelstudios nicht auf die Expansionsstrategie der Firmengründer einstellen konnten;
- mit Ossis und Wessis, die sich in ihrer Firma bekriegten;
- mit Eltern, die mit ihren pubertierenden Kindern nicht mehr weiterwussten;
- mit einer Bauernfamilie, auf deren Hof mehrere Generationen auskommen mussten und nicht konnten;
- mit einem Musikorchester, deren Mitglieder die ständige Nähe auf Reisen nicht mehr ertrugen;
- mit einer Feuerwehreinheit, die kaserniert 24 Stunden miteinander prima auskam, beim Einsatz dann aber die notwendige militärisch-straffe Ordnung vergaß;
- mit den Vorständen einer insolventen Aktiengesellschaft, die den Verlust ihres Lebenswerkes nicht verkrafteten;
- mit einem Insolvenzverwalter, der mit den Menschen, die alles verloren hatten, kooperieren wollte und nicht durfte;
- und mit unendlich vielen Ehepaaren, die ihre Ehe-

krise nicht verstanden und wieder zusammenkommen wollten.

Tit-for-Tat wird heute an den Universitäten München und Münster im Rahmen des BWL-Studiums gelehrt.
Google zählt knapp 4 Millionen Einträge weltweit und 26.000 auf Deutsch zum Stichwort Tit-for-Tat.
In der Psychologie ist dieses Buch die erste Veröffentlichung über angewandtes Tit-for-Tat in der Therapie und als Alltags-Training für jedermann.
Und jetzt los.

Die zehn Elemente der Tit-for-Tat-Strategie

Die zehn Elemente von Tit-for-Tat, die wir für die psychologische Anwendung entwickelt haben, funktionieren nur, wenn wir sie als ein ganzheitliches System verstehen und nutzen. Jedes einzelne nicht beachtete Element kann die gesamte Strategie außer Kraft setzen. Die zehn Elemente sind so etwas wie Naturgesetze – unumstößlich. Wir können dies so zweifelsfrei behaupten, weil wir in den letzten 20 Jahren unsere Tit-for-Tat-Strategie auf dem alltäglichen Prüfstand hatten. Die Beispiele, die diese Strategie untermauern, sind unkenntlich für unsere Patienten aus unserer Praxis entnommen. Es ist sinnvoll, diese zehn »Regeln« auswendig zu lernen, damit sie bei Bedarf, also im Streitfall, sofort abrufbar sind:

1. Analysiere die Situation: Handelt es sich um eine Verdrängungssituation, ist es gewollter Kampf oder das Angebot für eine Kooperation.
2. Beginne grundsätzlich freundlich und ehrlich, sei dabei immer offen, durchschaubar und berechenbar.
3. Dein übergeordnetes Ziel ist, dass alle Beteiligten Gewinner sind.
4. Schlage bei Verrat sofort, aber angemessen zurück.
5. Frage bei Vermutungen aller Art unbedingt erst einmal nach, bevor du reagierst.
6. Entschuldige dich sofort und leiste Wiedergutmachung, wenn du selber eine Vereinbarung gebrochen hast oder irgendetwas fahrlässig oder schuldhaft zu verantworten hast.
7. Akzeptiere die Aggressionen und Gegenaggressionen anderer.
8. Kommuniziere sowohl das Positive der Beziehung als auch das konflikthafte der aktuellen Situation.
9. Achte auf die langfristige Ausgeglichenheit des Verhältnisses von Geben und Nehmen.
10. Akzeptiere, wenn ein Partner nicht Tit-for-Tat-fähig ist, und beende die Beziehungen.

Tit-for-Tat-Regel 1

Analysiere, ob es sich um eine Verdrängungs-, eine Kriegs-, oder um eine Kooperationssituation handelt.

Es muss sehr enttäuschend klingen, aber nichts in diesem Leben ist absolut. Soll heißen: Nicht jede Streitsituation ist auch Tit-for-Tat-tauglich – selbst dann nicht, wenn man das unbedingt möchte oder will. Am häufigsten entsteht Streit aus Verdrängungs-, Kampf- oder Kriegssituationen.

Beispiele für Verdrängungssituationen:
- Eine Stadt will ein neues Museum bauen und schreibt das 100-Millionen-Projekt international aus. Alle großen Architekturbüros werden ihre Entwürfe einreichen. Werden die weltbesten Büros an Kooperation denken? Niemals. Jedes Architekturbüro wird um den Auftrag kämpfen – mit allen Mitteln. An Tit-for-Tat ist hier gar nicht zu denken.

- Zwei Pharmakonzerne forschen an einem neuen Anti-Aging-Präparat. Der Konzern, der als Erstes damit auf den Markt kommt, kann Milliardengewinne kassieren. Werden beide Konzerne an Kooperation denken? Nein. Es wird Krieg herrschen mit allen Mitteln – bis hin zur Betriebsspionage, um zu erfahren, wie weit der andere ist.

• Wenn eine Firma eine interessante Stelle ausschreibt, werden die Bewerber kooperieren? Nein. Wir haben einmal eine Position als Chefsekretärin in Hamburg mit einem Bruttogehalt von 5.400 Euro ausgeschrieben. Innerhalb von zehn Tagen erreichten uns 278 Bewerbungen. Daraus mussten wir zehn Bewerberinnen zum Vorstellungsgespräch auswählen. Wir luden alle gleichzeitig ein und ließen sie in einer sehr luxuriösen Lounge-Atmosphäre warten. Sie konnten Kaffee trinken, Zeitschriften lesen, auf zwei Fernsehgeräten liefen n-tv und CNN, es gab Kanapees, nur wir ließen uns nicht blicken. Als wir nach einer halben Stunde die Lounge betraten, waren nur noch vier Kandidatinnen übrig. Die hatten die anderen sechs weggebissen. Nicht nur mit Worten, die wir ja nicht mitbekommen hatten, sondern mit ihrem Auftreten, ihrem Aussehen und ihrem Verhalten. Da hatte eine halbe Stunde lang der totale Verdrängungswettbewerb stattgefunden, da galten wirklich keine kooperativen Spielregeln. Jede kämpfte gegen jede, weil sie den lukrativen Job unbedingt haben wollte. Und das ist okay so, auch das muss man können. Auf jeden Fall hatten wir so schon mal die vier durchsetzungsfähigsten Sekretärinnen herausgefiltert. Das Unerwartete: In den anschließenden Einzelgesprächen verblüfften uns alle vier, weil sie unser Spiel durchschaut hatten.

- Gerne gesehen in Urlaubshotels: Das Abendbuffet ist dekorativ hergerichtet und über allem thront ein leckerer Hummer. Es gibt allerdings nur den einen. Und den kann nur einer bekommen. Nix da mit Kooperation: Entweder landet der Hummer auf dem Teller vom Ersten, dem Mutigsten oder dem Frechsten.

Ähnliche Beispiele fallen jedem von uns zu Hunderten ein. Nun könnte man denken, so viele Kooperationssituation scheint es ja doch nicht zu geben. Doch das Gegenteil ist der Fall: Es gibt viel mehr Kooperationssituationen, als man glaubt. Man muss nur erst einmal erkennen, welche das sind.

Die wichtigsten Auseinandersetzungen finden sicherlich in der Ehe statt. Besonders in jungen Ehen gibt es oft Machtkämpfe. Dahinter steckt die Ideologie »Es muss immer und überall einen ›Bestimmer‹ geben«. Gerne beruft sich ein Partner dabei auf Sprichwörter wie »Zu viele Köche verderben den Brei«. Schließlich gewinnt ein Partner den Machtkampf und bestimmt, wo und wie es in der Ehe langgeht. Der andere Partner ordnet sich unter, und jeder spielt seine Rolle. Alles ist so klar und harmonisch. Leider nur vermeintlich. In dieser Ehe hat ganz am Anfang ein Verdrängungswettbewerb mit einem klaren Ergebnis stattgefunden: Der eine hat sich erhöht, der andere erniedrigt. So etwas kann sogar eine ganze Zeit lang ohne offen ausgetragene Konflikte gut gehen, aber irgendwann stirbt dann doch die Liebe, die Harmonie geht flöten, die Zärtlichkeit erstickt, die Spontaneität zum Beispiel beim Sex friert ein und das Vertrauen geht verloren. So ist der klassische Werdegang von Millionen Ehen. Beide Partner sind Verlierer.

In funktionierenden Ehen sind fast ausnahmslos beide Partner die Bestimmer. Sie kooperieren: Sie teilen sich die Macht- und Entscheidungsbereiche, tragen die Verantwortung gemeinsam, bemühen sich gemeinsam, machen gemeinsam Fehler, bügeln sie gemeinsam wieder aus oder lernen gemeinsam daraus – und die Liebe, die Zärtlichkeit, die Spontaneität beim Sex und das Vertrauen bleiben erhalten oder werden gemeinsam wieder aufgebaut. Das ist eine klassische Kooperationssituation. Die muss man erkennen, wollen und umsetzen können. Jeden Tag immer wieder neu.

Manchmal ändern sich aber auch urplötzlich die Situationen. Aus Krieg wird Kooperation oder aus Kooperation wird Krieg.

Es war der 25. Juni 1982 in Gijón/Spanien. Fußballweltmeisterschaft. Deutschland spielt im letzten Vorrundenspiel gegen Österreich. Für die deutsche Mannschaft geht es um alles. Eine Niederlage oder ein Unentschieden würden das Aus bei der WM bedeuten. Entsprechend motiviert geht die deutsche Mannschaft ins Spiel und liefert ein Feuerwerk an Angriffsfußball. Die Zuschauer sind begeistert. Alles sieht nach einem großen Spiel, einem großen Kampf aus. Aber nur zehn Minuten, dann fällt das 1 : 0 für Deutschland durch

Horst Hrubesch. Bei diesem Spielstand ist Deutschland punktgleich mit Österreich und Algerien. Da aber nur zwei Mannschaften eine Runde weiter kommen, entscheidet das Torverhältnis. Danach ist Algerien raus und Deutschland und Österreich sind weiter. Noch ein Tor für Deutschland, und Österreich wäre aus dem Rennen. Das Ausgleichstor für Österreich würde die deutsche Mannschaft nach Hause schicken. Jeder der 22 Spieler auf dem Platz hatte das sofort kapiert. Es brauchte keine Anweisung vom Trainer, es musste noch nicht einmal untereinander abgesprochen werden: Der Ball wurde nur noch hin und her geschoben, keine Mannschaft wollte noch ein anderes Ergebnis riskieren. Der Fußballkrieg hatte sich in Kooperation verwandelt, weil diese für beide Seiten eine Win-win-Situation versprach. Das war kein Fußball mehr. Das war ein höfliches »Wir tun uns bitte nicht weh; alles ist gut, so, wie es ist, und soll bitte auch so bleiben.« Das Spiel ging schließlich als das Skandalspiel des Jahrhunderts in die Fußballgeschichte ein. Wieso Skandal? Beide Mannschaften hatten statt Fußball 80 Minuten lang Tit-for-Tat gespielt. Zugegeben, das passt zu einer Kampfsportart wie Fußball nicht – hat für Deutschland und Österreich allerdings funktioniert. Deutschland wurde am Ende Vizeweltmeister. An dieser Stelle entschuldigen wir uns noch einmal bei Algerien.

Dass Tit-for-Tat älter ist als seine Entdeckung, zeigt ein Beispiel aus dem Ersten Weltkrieg. Große Teile der Front in Flandern waren Weihnachten 1914 festgefahren. Es gab nur noch Grabenkämpfe und weder Deutschland noch die alliierten Franzosen und Briten hatten eine echte Chance, eine Schlacht zu gewinnen. Alle Angriffe brachten beiden Seiten nur noch Verluste ohne sichtbare Gewinne. Man musste auf den Frühling und auf neue Kampfausrüstungen warten. Das dauerte aber noch Monate. Nun passierte etwas Seltsames: Die Soldaten auf beiden Seiten schossen ohne Absprache aneinander vorbei. Sie wollten niemanden mehr töten oder verletzen. Angriffe wurden nur noch vor- oder angetäuscht und dann einfach abgeblasen. Seinen Höhepunkt erlebte dieser inoffizielle Friedenspakt an Heiligabend: An weiten Teilen der Front kamen französische, britische und deutsche Soldaten aus ihren Gräben, sangen gemeinsam Lieder und feierten das Weihnachtsfest zusammen. Diese unglaubliche Tit-for-Tat-Demonstration im Ersten Weltkrieg hat der französische Regisseur Christian Carion in seinem Film *Merry Christmas* mit Diane Kruger und Benno Fürmann beeindruckend in Szene gesetzt. Dieser Film ist ein Muss, wenn wir Tit-for-Tat richtig verstehen wollen. Er zeigt deutlich auf, welchen Mut wir für Tit-for-Tat aufbringen müssen und dass Tit-for-Tat nur funktioniert, wenn wir im Vorfeld alle unterschwelligen Konflikte beseitigt haben.

50 Jahre lang tobte zwischen den USA und der Sowjetunion der Kalte Krieg. Für beide Systeme war das jeweils andere die »Ausgeburt des Bösen«. Es ging um die Weltherrschaft. Die klassische Kriegssituati-

on: Es konnte nur einen geben. Ein gigantischer Rüstungswettlauf begann. Ende der 1980er-Jahre wurde den Führern der beiden Systeme, Ronald Reagan und Michail Gorbatschow, klar, dass das Gleichgewicht des Schreckens technisch und organisatorisch so anfällig war und sich beide Seiten dauerhaft finanziell so überforderten, dass sie umdenken mussten. In einem sehr langen und vertragspolitisch sehr anspruchsvollen Prozess kamen sich Osten und Westen näher. Für sein Umschwenken aus einer Kriegssituation in eine Kooperationssituation bekam Gorbatschow 1990 den Nobelpreis. Noch ein Nobelpreis für Tit-for-Tat.

Nelson Mandela und Frederik Willem de Klerk vollbrachten in Südafrika ebenfalls eine Tit-for-Tat-Großtat, als sie das Land, das gespalten war in schwarze und weiße Bevölkerung, einigten. Sie bauten aus jahrzehntelangem Misstrauen zwischen beiden Bevölkerungsgruppen wieder Vertrauen auf – in vielen kleinen Schritten, mit ständiger Kontrolle und dem konsequenten Wollen, dass das Vertrauen irgendwann wieder vollständig hergestellt wäre. 1993 bekamen diese beiden Männer den Friedensnobelpreis für ihr Tit-for-Tat.

In der US-Fernsehserie 24 – Twenty four, einem 24-Stunden-Echtzeit-Krimi, in der der Special Agent der Terroristenabwehrzentrale Jack Bauer (gespielt von Kiefer Sutherland) in acht Folgen jedes Mal »die Welt rettet«, ist der Wechsel von Kriegssituation in Kooperationssituation und wieder zurück das herausragende Dramaturgiemerkmal: Alle drei bis vier Stunden wird aus einem Guten wieder ein Böser und aus einem Bösen plötzlich wieder ein Guter. Mal bekämpfen sich die Protagonisten auf das brutalste und hinterhältigste, dann wird wieder kooperiert, was das Zeug hält: Ein Lehrfilm für die Möglichkeiten und Bedingungen, Kriegssituationen in Tit-for-Tat-fähige Auseinandersetzungen umzuformen. Wer diese Serie unter diesem Aspekt verfolgt, erhält acht Semester Wahrnehmungstraining für subtile und offensichtliche Zeichen, wie sich Win-loose- in Win-win-Situationen verwandeln können.

Es gibt natürlich auch Situationen, die sind und bleiben immer reine Kooperationssituationen. Die Natur lebt uns diese teilweise extrem vor. Wer taucht, hat sie sicherlich schon gesehen und sich über diese mutigen kleinen Fische sehr gewundert: Sie heißen Putzerfische und schwimmen den größeren Fischen ins Maul oder in die Kiemen. Sie werden aber nicht verspeist, sondern kommen irgendwann wieder heraus und sind quietschvergnügt und satt. Sie ernähren sich nämlich von den Ablagerungen im Maul und in den Kiemen der anderen Fische. Wenn die Putzerfische nicht wären, würde das, was da im Inneren des Mauls oder der Kiemen der anderen Fische wuchert, so stark wachsen, dass sie zugrunde gingen. Also wären die Fische geradezu bescheuert, wenn sie ihr Reinigungspersonal fressen würden. Man braucht sich gegenseitig, hilft sich und überlebt. Das ganz natürliche Tit-for-Tat. Ohne Tit-for-Tat wären beide Verlierer.

Ein ähnliches Ritual gibt es auch bei Affen. Sie können untereinander noch so spinnefeind sein, wenn es ums Entflohen oder Entlausen geht, helfen sie sich gegenseitig an den Stellen, wo sie selber nicht rankommen. Mit diesem Tit-for-Tat sind beide Gewinner.

Tit-for-Tat ist eine beliebte Filmdramaturgie. Wir kennen unzählige Filme, in denen zwei unterschiedliche Personen in ein gemeinsames Abenteuer geschickt werden. Beide sind möglichst schon von ihrer Hautfarbe verschieden, natürlich von ihrer Herkunft und Sozialisation, auch von ihrer Bildung und ihrem Weltbild. In ihren ersten Begegnungen und Abenteuern bringen sie sich beinahe gegenseitig um, so viel Hass und Widerwillen auf den anderen ist zu spüren. Jetzt sieht die Regie vor, dass beide ein Abenteuer zu meistern haben, das sie nur gemeinsam bestehen können. Zunächst raufen sich die beiden widerwillig zusammen, meistern das Abenteuer und trennen sich danach mit Respekt, wenn nicht gar in Freundschaft. Der Stoff ist pures Tit-for-Tat.

Ein Klassiker ist auch das in der Psychologie bekannte Gefangenendilemma: Zwei Einbrecher haben mit Pistolen und Schnellfeuergewehren eine Bank überfallen. Geschossen haben sie nicht, aber am Ende 4 Millionen Euro erbeutet. Sie sind Profis und haben das Geld gut versteckt. Erst in sechs Jahren wollen sie die Beute aus dem Versteck holen und dann ein Leben in Wohlstand und Frieden führen. Die Polizei verdächtigt sie aufgrund ihres Vorlebens trotzdem, findet die

Waffen bei ihnen und nimmt sie in Untersuchungshaft. Beweise haben die Polizisten keine, nur Vermutungen und die Möglichkeit einer Anklage wegen illegalen Waffenbesitzes. Die beiden Räuber haben zwar kein Alibi, bestreiten aber die Tat. Die Strategie der Polizei: die beiden Räuber zu trennen und sie anzulügen, zu behaupten, der andere habe gestanden und gesungen wie ein Vögelchen. Sie bieten jedem der beiden getrennt Untergebrachten Straffreiheit nach Kronzeugenregelung an, wenn er auch gesteht. Wenn nun einer der beiden auf den Trick der Polizei reinfällt, kommt er zwar frei, die 4 Millionen kann er aber abschreiben. Der andere bekommt 15 Jahre Haft wegen schweren Raubs. Wenn beide nicht darauf eingehen, gibt's eine Geldstrafe wegen illegalen Waffenbesitzes. Haben die beiden Räuber Vertrauen zueinander, nehmen sie die Geldstrafe an, und die Polizei ist machtlos. Das Gefangenendilemma ist also, eine kleine »Strafe« in Kauf zu nehmen, um den großen Gewinn einzustreichen.

Für uns im Alltag heißt das, dass wir oft Durststrecken, schwere Arbeitsphasen, Zeiten von Frustrationen akzeptieren müssen, um dann irgendwann den großen Lohn genießen zu können. Wenn man das weiß, hält man durch, verrät niemanden und fällt auch nicht auf Verrat herein.

Beispiele für das kreative Umsetzen des Gefangenendilemmas:

- Neugeborene schreien oft in ihren ersten Lebensmonaten und die Eltern finden keinen Schlaf mehr. Ehrlich gesagt gibt es für die ersten sechs Monate keine Lösung. Dann aber ist das Urvertrauen in der Regel so ausgebildet, dass man das Baby nachts auch schon mal alleine schreien lassen kann. Das tut weh, aber wenn man sich weiterhin beim kleinsten Schrei um das Kind bemüht, braucht man anschließend Jahre, um den Schreiterror wieder abzustellen. Das kostet noch mehr Kraft.

- Eine weitere klassische Tit-for-Tat-Situation mit Gefangenendilemma-Elementen, die man erkennen und positiv gestalten können sollte, ist die sexuelle Affäre. Sie zu akzeptieren, statt daraus einen Scheidungsgrund zu machen, ist die hohe Kunst des Tit-for-Tat. Dies ist kein Plädoyer für die Affäre, aber es gibt sie noch häufiger, als man ohnehin schon denkt.

In so gut wie jeder Ehe macht man beim Sex immer häufiger das, was sich bislang bewährt hat. Grundsätzlich ist da gar nichts dagegen einzuwenden. Nur: Wenn man ausschließlich auf das Bewährte setzt, wird es schnell mechanisch und die Spontaneität ist tot. Jetzt beginnt das Warten, dass alles von alleine wieder besser wird oder dass der andere wieder lebendiger wird. Äußeres Anzeichen ist das »Ich bin so müde heute«-Symptom. Danach hört der Sex meist ganz auf. Aus Win-Win ist Loose-Loose geworden. Wie ein Ausweg folgt die Affäre. Und wir merken, dass lebendiger Sex doch Spaß macht. Wenn die Affäre nicht zur großen Liebe wird, war sie für beide Partner der kleine Preis für den großen Gewinn. Denn beide werden sich wieder bemühen, mit Sex und Zärtlichkeit kreativer umzugehen, offener für alle sexuellen Gedanken und Gefühle zu werden und mit den Körpern und der Lust spielerischer umzugehen. Wenn beide sich derart bemühen, wird es wieder zu Win-Win.

Mache spontan eine Situationsanalyse und frage dich:

• Ist das eine Situation, in der man zusammenhalten muss?
• Ist das eine Situation, in der beide Seiten sich bemühen müssen?
• Ist das eine Situation, in der sich beide Seiten engagieren müssen?
• Ist das eine Situation, in der man Vertrauen braucht oder wiederaufbauen muss?
• Ist das eine Situation, in der es nur einen Sieger geben kann? Will ich dann gleich verzichten oder lieber kämpfen, um zu gewinnen?

Die Situation sollte man immer sofort erkennen und unterscheiden können. Sich hierin zu üben, ist ganz einfach, wenn man unproblematische alltägliche Situationen zum Ausprobieren einmal daraufhin abklopft.

Tit-for-Tat-Regel 2

Beginne freundlich und ehrlich, sei immer offen, durchschaubar und berechenbar

Die wichtigste Erkenntnis aus dem »Computerturnier« von Axelrod, das Tit-for-Tat gewann: Nur die Programme, die freundlich und ehrlich blieben, setzten sich auch längerfristig durch. Jedes Programm, das aggressiv an die gestellte Aufgabe ging, zu tricksen anfing, schnitt schlechter ab. Der Grund: Aggressionsprogramme provozieren Gegenaggression. Tit-for-Tat begann immer ehrlich und war am Ende die Strategie mit den größten Erfolgen.

Als Elisabeth und Konstantin sich wiedertrafen und ihre Begegnung mit spontanem Sex feierten, erlebten sie genau diese Phase. Nach ihrer Trennung hatten sie das Böse und Gemeine hinter sich. In der Scheidungsschlacht hatten sie alle Aggressionen ausgelebt. Bei ihrem Wiedersehen wussten sie, sie sind nicht nur lieb, sondern können auch sehr böse sein. Genau auf dieser Basis kamen sie sich erneut näher. Jetzt waren sie durchschaubar und erstmalig berechenbar für den jeweils anderen. Und erst auf dieser Basis kann eine Beziehung funktionieren. Die vielen Jahre der Pseudoharmonie vorher waren zum Scheitern verurteilt.

Kein Mensch kann sich für immer verstellen. Irgendwann bricht das, was immer unterdrückt wurde, hervor. Bei vielen geschieht dies unter Alkoholeinfluss, bei anderen unter Stress und bei manchen auch dann, wenn es ihnen einmal richtig gut geht. Da sagt das Unterbewusstsein: »Gerade ist alles gut, jetzt darfst du sein, wie du bist.« Bei manchen geschieht das nach einer großen Feier – dem 50. oder 70. Geburtstag zum Beispiel – , bei anderen nach einer großen öffentlichen Ehrung. Lottogewinner sind ein ganz klassischer Fall, wenn plötzlich die finanzielle Sicherheit eingetreten ist: dann sind sie endlich, wer sie sind. Und die Mitmenschen verstehen die Welt nicht mehr, sagen: Geld verändert. Richtig: Es macht ehrlich zu sich selbst. Viele Menschen finden auch erst bei der Begegnung mit dem Tod zu ihrem wahren Ich, wenn der Arzt die Diagnose einer unheilbaren Krankheit stellt, oder sie einen schweren Autounfall überlebt haben.

Die typische Pseudoharmonie-Beziehung, die am häufigsten »Schatzi«, »Hasi«, »Spatzl« und »Bärchen« führen, die »Ich hab dich lieb, ich dich auch«-Beziehungen, sind meistens keine ehrlichen Beziehungen. Solange man sich nicht streiten kann und seinen Ärger, seinen Frust und seine Wut nicht rauslassen darf, ist eine Beziehung immer in Gefahr.

In Bayern sorgte ein verstorbener mittelständischer Unternehmer bei seiner eigenen Trauerfeier für einen Eklat, als er als letzten Willen vor der Trauergemeinde ein selbst gesprochenes Abschiedstonband abspielen ließ. Seine posthume Ansprache war voller Beschimpfungen, natürlich bayerisch deftig. Sie enthielt alles, was er sein Leben lang runtergeschluckt hatte. Wut,

Ärger und Bösartigkeit in Reinkultur und ohne Ende. Aus Pietätsgründen wagte keiner der Anwesenden den Raum zu verlassen, und so wurde das Band bis zum bitteren Ende abgespielt – eine Katastrophe für alle Anwesenden. Der Verstorbene erhielt in den Medien und von vielen Nichtbetroffenen zwar höchste Sympathiebekundungen, sorgte aber auch dafür, dass das Abspielen von posthumen Ansprachen in Bayern ab sofort für alle offiziellen Trauerfeiern untersagt wurde.

Als ich 1989 kurz vor dem Mauerfall aus der DDR floh und in den Westen kam, hatte ich große berufliche Schwierigkeiten. Ich konnte zwar zwei Diplome und einen Doktortitel sowie jede Menge internationale wissenschaftliche Veröffentlichungen als Psychotherapeut und Trainer vorweisen, bekam aber keinerlei Aufträge oder Patienten. Ich war verzweifelt. Ein mir wohlgesonnener westdeutscher Trainer erklärte mir schließlich, warum das so war: »Weil du keine Ahnung hast, wie man sich richtig verkauft. Du denkst, weil du ein guter Fachmann bist, reicht das. Tut es aber nicht bei einer Konkurrenz von 13.500 anderen Trainern.« Das tat sehr weh, machte mich aber wach. Ich beschloss, das, was ich schon immer gut konnte, für mich zu nutzen: zu lernen, wie man es richtig macht. Ich holte alles nach, was ich noch nicht gelernt hatte, und wurde drei Jahre später vom BDVT, dem Berufsverband der Deutschen Verkaufstrainer und Verkaufsförderer, mit dem »Goldenen Trainingspreis«, dem Oscar der Trainingsbranche, ausgezeichnet. Den Preis bekam ich für mein

Trainingsprogramm für eine Bank, mit dessen Hilfe man aus ostdeutschen Nichtverkäufern professionelle Verkäufer mit Biss machen kann.

Wie kam es, dass aus einem Nobody und Unprofessionellen, einem notorischen Nichtverkäufer der Trainer des Jahres für echte Profis wurde?

Es war durch Tit-for-Tat passiert. Ich hatte mich selbst von meinem Kollegen Rainer W. Stroebe coachen lassen, der mich trainierte, mich auf das zu konzentrieren, was ich gut konnte, und das besser als die anderen 13.500 westdeutschen Trainer. Also trainierte ich meine Verkaufsprofis in ost- und westdeutschen Mentalitätsbesonderheiten (effektives Zusammenarbeiten von Ost-und Westdeutschen) und in Tit-for-Tat. Ich empfahl ost- und westdeutschen Führungskräften, Vorständen, Weiterbildungsverantwortlichen und hausinternen Trainern, ihre eigenen Mentalitätsbesonderheiten durchschaubar zu machen, transparent zu sein. Ich lieferte das psychologische Hintergrundwissen und die Fakten. Ich erreichte, dass Ossis und Wessis Klartext miteinander sprachen. Das Konzept ging auf. Ich erhielt Aufträge und wurde weiterempfohlen. Auch ich hatte mich durchschaubar gemacht und wurde plötzlich überall, und auch dort, wo ich vorher rausgeflogen war, akzeptiert.

Meine Kollegen trainierten damals als State of the Art in ihren Seminaren Rhetorik, Präsentation, Verhalten bei Einwänden, Abschlusstechniken und neurolinguistische Psychologie. Sie machten aus ihren Schülern geschniegelte und gebügelte, perfekt gestylte, rhetorisch immer aalglatte und präsentable Verkäufer, die um kein Gegenargument verlegen waren, die den Jasagen-Stress beherrschten. Sie machten aus ihren Schülern Klischee-Verkäufer der alten Schule. Wenn man noch heute auf so jemanden trifft, denkt doch jeder sofort: »Wo ist der Haken?« Die schlimmsten Albträume aller Verkaufsleiter in den 1990er-Jahren wurden von unglaublich hohen Stornoraten und massiv einsetzender Kaufreue ausgelöst. Ihre Außendienstler hatten vor allem in der ehemaligen DDR die Kunden zu Tausenden mit falschen Versprechungen und Verlockungen zu Unterschriften geködert.

Kein Wunder, die meisten der anderen 13.500 Trainer schulten das Gegenteil von Tit-for-Tat. Ihre Verkaufsschüler waren zwar sehr freundlich, aber nicht ehrlich – und sie waren weder durchschaubar noch berechenbar. Und wenn dann im Kleingedruckten etwas anderes stand, als vorher besprochen worden war, wenn genau das, worum es ging, eben nicht versichert war, oder die Immobilien weder die versprochene Steuerersparnis noch die hochglanzdargestellte Rendite einbrachten, dann war das Vertrauen in diese Art von Verkäufern ein für alle Mal zerstört – bis heute.

Natürlich haben alle daraus gelernt. Und viele Verkaufstrainings haben bewusst oder unbewusst Teile aus der Tit-for-Tat-Strategie übernommen. Heute heißen die Schlüsselsätze: »Sei nicht vollkommen, mache Fehler, sei durchschaubar und berechenbar.«

Viele Unternehmen erwarten von ihren Verkäufern Aufschlüsselungen, wie der Kunde nachweisbar auf die Gefahren aufmerksam gemacht worden ist. Die zweite Tit-for-Tat-Regel »Sei offen, durchschaubar und berechenbar« hat sich durchgesetzt.

Der wissenschaftliche Hintergrund, warum »offen und ehrlich« besser wirkt als »nett und kompetent«, stammt aus der Humanistischen Psychologie von Carl Rogers, der zweiten Lichtgestalt der Psychotherapie nach Sigmund Freud,

Rogers setzte in der Behandlung seiner Patienten vor allem auf die Werte Echtheit und Authentizität sowie bedingungslose Akzeptanz. Doch er wollte den Einsatz dieser Werte nicht nur als optimales Therapeutenverhalten verstanden wissen, sondern forderte sie auch ein als elementare Strategie konstruktiver und produktiver Gesprächsführung im Alltag.

Weniger wissenschaftlich ausgedrückt – Rogers meinte, was dem gesunden Menschenverstand schon lange klar war: Wie es in den Wald hineinschallt, so schallt es heraus; Freundlichkeit erzeugt Freundlichkeit; Ironie erzeugt Ironie; Druck erzeugt Gegendruck; und Verrat erzeugt früher oder später auch wieder Verrat.

In Gesprächsführungstrainings, die auf Tit-for-Tat basieren, lernen wir: »Offen 3« erzeugt »offen 3« und »verschlossen 3« erzeugt »verschlossen 3«. Klingt kompliziert, ist aber ganz einfach: Auf einer Skala von »offen 3« bis »Verschlossen 3« wird das Verhalten eines Menschen von offen bis verschlossen beurteilt:

»Offen 3« ist der spontane und totale Ausdruck dessen, was man wirklich denkt und fühlt.

Null bedeutet »weder noch« oder »nicht entscheidbar«.

»Verschlossen 3« ist alles, was verschlossen wirkt, zum Beispiel einen guten Eindruck machen, Komplimente machen und Süßholz raspeln, zeigen, wie klug, intelligent, kompetent oder superkompetent man ist, erzählen, was man alles schon vollbracht, erduldet und erlitten hat, eine Großtat nach der anderen anführen, pausenlos Erfolge aufzählen, das Blaue vom Himmel versprechen.

Menschen, die auf dieser Skala mit »verschlossen 1« bis »verschlossen 3« beurteilt werden, erwecken auch im Alltag sofort das Gefühl »Hier stimmt etwas nicht, der will mich nur beeindrucken, vielleicht sogar manipulieren, ich soll zu etwas Ja sagen, was ich nicht wirklich will.« Oder man hat bei diesen Menschen das Gefühl, jetzt selbst angeben zu müssen, auch auf den Putz zu hauen, zu bluffen, zu lügen oder zu schwindeln. Soll heißen: »verschlossen 3« erzeugt auch »verschlossen 3«.

Oft verblüffend sind die Erfahrungen mit »offen 3«. Meist haben wir das Gefühl, dass wir nicht wissen, welcher Teufel uns da gerade reitet, aber wir sagen unserem Gegenüber mal ganz offen die Meinung. Und während wir das tun, sind wir uns schon sicher, dass der andere nach unserem Spruch unsere Beziehung abbrechen und nie wieder unser Freund werden wird. Doch was hören wir als Antwort? »Danke für deine Offenheit.« Das gibt's doch nicht!, denken wir. Doch. Unser »offen 3«-Gespräch wurde mit »offen 3« beantwortet.

Auch diese Situation ist vielen von uns schon einmal untergekommen: Wir rasten völlig aus, weil es doch einmal gesagt werden muss. Oje, das war's dann wohl, was soll der andere jetzt bloß von uns halten? Was hält er von unserem »offen 3«-Ausbruch? Er lacht und gratuliert uns zu unserem Gefühlsausbruch. Und nicht nur das: Er erzählt uns jetzt auch von seinen Gefühlen, seinen Zweifeln und Ängsten. »Paradoxe Wirkungen« nennt man das in der Psychologie. Aber eigentlich ist es nichts weiter als das ewige Grundgesetz von Tit-for-Tat. Auf »offen 3« hat der andere mit »offen 3« reagiert.

Der Klassiker schlechthin ist die Liebeserklärung: »Oh Gott, wenn ich das alles erzähle, wie ich mich fühle, diese Mischung aus Unsicherheit und Anziehung, aus Angst vor dem Abgelehntwerden und meinem Begehren, wenn ich das alles so erzähle, kann er/sie mich noch achten, noch akzeptieren, überhaupt noch sympathisch oder gut finden und gar noch lieben?« Doch der Druck, die Liebe ist so groß, er/sie macht es, spricht alles das aus, was er/sie fühlt.

Und was passiert?

Genau das Gegenteil: Er/sie sagt Ja und liebt dich noch mehr.

Wenn ich mich öffne und verletzbar mache, kann der/die andere das auch. Und das Wunder ist passiert, sagt man dann.

Doch das ist kein Wunder, sondern normal. Das ist Tit-for-Tat, Spielregel Nummer 2.

Konstantin ist an dieser Stelle mal wieder skeptisch: »Na schön, für Liebeserklärungen mag das ja gelten, aber wenn ich in meinem Unternehmen morgen mit +3 antrete, werde ich ganz schön auf die Nase fallen. Wenn ich jetzt immer und überall sage, was ich wirklich denke und was ich wirklich fühle, dann mache ich mich nur noch angreifbar. Dann zeige ich doch jedem, wo ich verletzbar und verwundbar bin. Also mal ehrlich, ob das gut sein soll?«

Natürlich nicht. Regel 1 wird ja nicht außer Kraft gesetzt: Unterscheide, wem gegenüber du offen sein kannst und wem gegenüber nicht. Und dann gibt es da ja noch die Regel 5: Schlage bei Verrat sofort und angemessen zurück. Ohne diese Wehrhaftigkeit wäre die Regel 2 der pure Leichtsinn. Nur weil Siegfried Regel 1 und 5 nicht beachtet hatte, konnte er von seiner Frau Kriemhild verraten werden, wo das Drachenblut an seinem Körper eine Stelle frei gelassen hatte, wo er verwundbar war. Und nur darum konnte sie es Hagen weitererzählen, und der wusste, wo er zustechen musste.

Zum 100. Mal: Nur alle zehn Tit-for-Tat-Regeln zusammen ergeben die Tit-for-Tat-Strategie.

Elisabeth schweift ein bisschen ab: »Das gibt mir jetzt viel Sicherheit für die Kindererziehung«, sagt sie, »es ist also viel besser, mit den Kids offen zu reden und zu zeigen, dass man als Erwachsener auch mal Fehler macht, auch mal unsicher ist es zuzugeben und zu zeigen. Das ist ja das beste Vorbild überhaupt.«

Elisabeth hat einfach nur recht.

Tit-for-Tat-Regel 3

Es müssen immer alle Beteiligten Gewinner sein.

Um Tit-for-Tat zu verstehen, sollte man immer die drei unterschiedlichen logischen Ebenen klar unterscheiden.

Die strategische Ebene:
Das sind die zehn Regeln. Sie sind allgemein formuliert und man kann sie sofort verstehen.

Die Ebene des konkreten Verhaltens:
Die Betrachtung und Analyse des eigenen konkreten Verhaltens und die des anderen darf nicht kompliziert werden. Das Verhalten muss so einfach beschrieben werden, wie man im Alltag denkt und spricht – und muss sofort wiedererkennbar sein.

Nehmen wir ein Beispiel: Der Kellner im Restaurant will ein Bier mehr kassieren, als Sie glauben getrunken zu haben. Er besteht in gebrochenem Deutsch auf dem einen Bier mehr. Ihre Analyse seines Verhaltens: Er ist fremd, unsicher und gestresst, weil das Restaurant so voll ist. Ihre Analyse Ihres Verhaltens: Eigentlich fühle ich mich wohl, habe gut gegessen, will aber nicht zahlen, was ich nicht getrunken habe. Das reicht, die Ausgangslage ist klar. Jetzt bloß nicht über die Möglichkeit einer schwierigen Kindheit des slowakischen Kellners nachdenken, sondern entwickeln Sie aus ihrer beider

Verhalten eine Strategie: Schlagen Sie dem Kellner vor, dass Sie nur zwei Bier zahlen, aber so viel Trinkgeld geben, dass er locker davon das eine Bier abrechnen kann, wenn er es nicht in der Kasse storniert. Eine Win-win-Situation: Sie haben Ihre gute Laune nicht verloren, und der Kellner kann jetzt entweder problemlos das Bier beim Chef abrechnen oder sich noch mehr Trinkgeld einstecken. Entstanden ist die Lösung aus der kurzen und prägnanten Einschätzung des jeweiligen konkreten Verhaltens.

Die Ebene der Einstellungen und Werte, die hinter dem konkreten Verhalten stehen:
Jeder von uns verhält sich gemäß seinen Einstellungen zum Leben, Werten und Erfahrungen. Alle diese Einstellungen und Werte sind in unserem Unterbewusstsein abgespeichert und werden bei Bedarf abgerufen. Um sich selbst einzuschätzen, müssen wir diese Einstellungen und Werte ständig reflektieren, um sie zu kontrollieren und zu steuern. Am besten geht dies natürlich in einem entspannten Zustand. Das klingt jetzt komplizierter, als es wirklich ist.

Am besten ist das bei Regel 2 zu erklären. Sie heißt: Beginne freundlich und ehrlich, sei immer offen, durchschaubar und berechenbar. Das ist die vorgegebene Verhaltensebe Die Hintergrundeinstellung dazu muss lauten: Übernimm Verantwortung und zeige Entgegenkommen, habe den echten Willen zu Konsens und Zusammenarbeit.

Natürlich gehört das zusammen, und man darf ruhig fragen, ob das überhaupt zu trennen ist.

Ja, ist es. In der Geschäftswelt ist es üblich, bei Preisverhandlungen gerne Ehrlichkeit und Freundschaft vorzutäuschen, um bei erster Gelegenheit den Deal zu seinen Gunsten zu verändern. Die einen sagen, das sei eine Schweinerei, für andere gilt das als normales Geschäftsgebaren.

Zwei Beispiele zum Wiedererkennen:

- Mit Vorliebe kleidet die Reisebranche verdeckte Mängel in freundlich und ehrlich klingende Formulierungen wie »Das Hotel befindet sich in zentraler Lage«. Das klingt gut, man kann also alles zu Fuß erreichen, heißt aber im Klartext: »Das Hotel steht an der Kreuzung von zwei Stadtautobahnen«. Gerne formuliert wird auch der »kurze Transfer zum Flughafen«, was nichts anderes bedeutet, als dass die Flugzeuge mitten durch das Hotelzimmer starten und landen. Das ist Bauernfängerei, die den Hintergrund haben, Klagen enttäuschter Gäste mit diesen »ehrlichen« Formulierungen schon im Vorfeld abzuschmettern.
- Arbeitszeugnisse sind auch so ein weites Feld für freundliche und ehrlich wirkende Formulierungen, die hundsgemein sind. »Sie hat sich stets bemüht, ihre Aufgaben zufriedenstellend zu erledigen«, heißt nichts anderes als: »Sie hat ihr Arbeitsziel nie erreicht«. Richtig nett klingt: »Durch sein geselliges Wesen hat er zur Verbesserung des allgemeinen Be-

triebsklimas beigetragen.« Jeder erfahrene Personal-
manager weiß, dass er es hier mit einem Alkoholiker
zu tun hat. Und wer im Arbeitszeugnis für seine Ver-
besserungsvorschläge gelobt wird, ist als notorischer
Querulant abgestempelt. Übelste Gemeinheiten werden also gerne »freundlich und ehrlich« getarnt.

Einstellungen und Werte stimmen also nicht mit dem
Verhalten überein.

Dass in langfristigen Beziehungen, die die Sicherheit
vermitteln, immer beide Seiten Gewinner sein müssen,
sollte eine Selbstverständlichkeit sein. Ist es aber leider
nicht.

Bezeichnenderweise steht das Wort »Win-win-Situation« erst seit 2004 im Duden. Und auch das Konzept
des gemeinsamen Gewinnens wird wissenschaftlich
erst im Jahr 1980 das erste Mal an der Bostoner Universität Harvard erwähnt.

Um die Regel 3 »Es müssen immer *alle* Beteiligten Gewinner sein«, nicht für eine alte Tradition und
selbstverständlich zu halten, ist es sinnvoll, noch mal
an Regel 1 zu erinnern: Analysiere, ob es sich um eine
Verdrängungs-, eine Kriegs-, oder um eine Kooperationssituation handelt.

Warum sind nach wie vor die meisten Situationen im
Leben Gewinner-Verlierer-Situationen?

Alle Situationen, bei denen es ums Überleben geht,
kennen nur Gewinner oder Verlierer. Sogenannte »Du
oder Ich«-Situationen. Ausgangspunkt sind immer

mangelnde Ressourcen, also Wasser oder Nahrungs-
mittel zum Beispiel. Es kann aber auch um Arbeit,
Wohnraum oder Studienplätze gehen. Dann kümmert
sich jeder um sich selbst und die anderen sind ihm egal.
Sozial gesehen lebt jeder Mensch in einer Gruppe.
Die Urzelle ist die Familie. Zu den Gruppen zählen
aber auch Vereine, Schule, Arbeitsplatz etc. Bei seiner
Entwicklung in den einzelnen Gruppen ist es normal,
dass jeder sich erst einmal nur um seine persönlichen
Bedürfnisse kümmert. Muss er auch. Wer das nicht tut,
wird zum totalen Verlierer. In jeder Gruppe, in die man
frisch hineinkommt, gibt es bestehende Hierarchien,
Rang- und Rollen-, Dominanz- und Unterordnungs-
strukturen. Diese nicht zu akzeptieren, hieße, sofort
zum Verlierer zu werden. Das gilt für Gefängnisse,
das Militär, alle Unternehmen und Verwaltungen, genauso wie für den Vatikan oder das Bundesfinanzmi-
nisterium – und natürlich genauso unter Geschwis-
tern zum Beispiel und in der Familie überhaupt.
Ein Unternehmen kann noch so oft auf seine Firmen-
philosophie verweisen und Win-Win, Vertrauen, Fair-
ness und Gleichberechtigung propagieren, wenn im
Vorstand Wege zur Gewinnerweiterung diskutiert
werden, sind diese Leitlinien nur noch Makulatur,
dann geht es nur noch um Win-Loose.

Nein, das ist nicht deprimierend, das ist die Realität,
und mal ehrlich, schlecht leben wir mit der nicht. Aber
wir könnten besser leben, wenn wir mehr Win-win-
Situationen schaffen würden. Wir sollten einfach mehr

Engagement und Kreativität darauf verwenden, mehr Win-win-Situationen herzustellen. Wir werden dafür sogar belohnt: mit der Steigerung unserer Lebensqualität. Und davon sollte man eigentlich nicht genug haben wollen.

Woran erkenne ich, ob eine Situation Win-win-Chancen hat, oder eine Win-win-Situation ist?

Ganz einfach, ich muss nur in Nutzenkategorien denken:

- Was sind meine Bedürfnisse, und was sind die der/des anderen?
- Was sind meine Interessen, und wo liegen die der/des anderen?

Um die Interessen und Bedürfnisse der/des anderen herauszufinden, brauchen wir nur auf die Gefühle zu achten:

- Wenn sich jemand wohlfühlt, finde heraus, warum.
- Wenn sich jemand unwohl fühlt, frage nach, was ihm fehlt, was ihn stört, was anders sein könnte oder sollte und warum?

Alleine das Umschalten auf Interesse am anderen verändert die Beziehung spontan. Belasse es aber nicht bei der Erkenntnis, sondern mache weiter, suche nach Schnittflächen der Interessen, Bedürfnisse und Ziele mit den deinen.

Ich, zum Beispiel, habe mir angewöhnt, wenn ich

nach längerer Pause einen Geschäftspartner oder alten Freund wiedertreffe, nach dem obligatorischen »Wie geht's wie steht's«-Smalltalk genauso selbstverständlich die Frage einzuflechten: »Wir hatten lange nichts mehr miteinander zu tun, gibt es eventuell irgendetwas, was zwischen uns steht?« Meistens löst die Frage nur ein wenig Verwunderung und ein kräftiges Nein aus. Ich erkläre meinem Partner dann meine Frage: »Es hätte ja in dieser langen Zeit etwas sein können, und das wäre mir dann wichtig gewesen.« Meine Nachfrage und Erklärung hat noch keiner Beziehung geschadet. Und manchmal gab es sogar statt der Verwunderung und des kräftigen Nein ein »Ja, da war was«. Meist eine von mir nicht gewollte und nicht bemerkte Enttäuschung oder Ärger. Oder eine veränderte Interessenlage, neue Ziele, die vom anderen nicht kommuniziert oder von mir nicht wahrgenommen worden waren. Und so konnte ich schon im Vorfeld Minenfelder als Auslöser für möglichen Streit wegräumen.

In einer zweiten Phase bei unseren Win-win-Bemühungen überlegen wir, wo wir tauschen und uns ergänzen können: Wir bestellen zum Beispiel zwei verschiedene Vorspeisen, um sie dann gemeinsam zu essen. Oder wir einigen uns: Du machst den Abwasch, ich organisiere den Sperrmüll; ich passe auf die Koffer auf, du suchst das Taxi; ich kümmere mich um Kunden A, du um Kunden B. Es gibt Tausende Beispiele, wie man sich im Kleinen wie im Großen gegenseitig das Gefühl vermitteln kann, am selben Strang zu ziehen.

Was jetzt neu hinzukommen könnte, ist der Stolz und die Freude: Hey wir spielen Tit-for-Tat; wir leben Win-Win, aber bewusst.

Sehr wichtig ist hierbei, dass die Vereinbarungen gemeinsam erarbeitet werden und immer wieder überprüft und neu bestätigt werden. Achtung! Es darf von keiner Seite eine einseitige Festlegung geben. Es gibt nur Vereinbarungen. Was man gemeinsam auswählt, kreiert und beschließt, hat viel mehr Power, Brisanz und Verbindlichkeit als zugewiesene Aufgaben.

Gute Chefs setzen keine Termine fest, sie vereinbaren mit ihren Mitarbeitern Termine: »Bitte lassen Sie mich wissen, ob Ihnen der 30. Juni, 17 Uhr passt.« Was ist das Ergebnis, außer dass der 30. Juni, 17 Uhr natürlich passt? Der Mitarbeiter erzählt seiner Frau nicht, dass er einen Termin beim Chef hat, sondern dass der Chef und er einen Termin haben. Das Tit-for-Tat und Win-Win bei der Terminabsprache – so simpel und so effektiv. Das Gleiche gilt für Termine im Familienkreis, zum Beispiel der 70. Geburtstag von Opa Michael. Wenn im Vorfeld mit allen Familienmitgliedern vereinbart wird, wer was schenkt, wer die Rede hält und wer den Kuchen mitbringt, kann das Fest möglicherweise ungewöhnlich harmonisch ablaufen. Und das wäre schon ein Riesenerfolg für ein Familienfest, bei dem sonst gerne auf Jahre hinaus neue Gräben gezogen werden.

Die Frage ist: Ab wann ist eine Vereinbarung eigentlich eine Vereinbarung?

Klare Antwort: Erst wenn die Vereinbarung ausgesprochen und von beiden/allen ausdrücklich bestätigt wird.

Das ist doch selbstverständlich, oder? Doch hier sollte man sich bloß nicht täuschen, es passiert täglich millionenfach in Familien, in Beziehungen, im Büro und in der Disco: Es wird nicht unterschieden zwischen Idee und Möglichkeit, zwischen dem, was man nur angedeutet oder nur gedacht hat, und dem, was man wirklich in einem Dialog ausgesprochen hat.

Ein Beispiel: Komm, gib mir deine Handynummer! Dahinter steckt unausgesprochen: Ich will dich wiedersehen; wir sollten uns verabreden; aus unserem Treffen sollte mehr werden. Nur weil er/sie die Nummer bekommen hat, werden die gewünschten und nie ausgesprochenen Nebenabreden nicht auch gleich erfüllt. Und wenn sie gar nicht erfüllt werden, entsteht Enttäuschung, Ärger, vielleicht sogar Wut, weil der/die andere die Vereinbarung nicht eingehalten hat. Es gab aber gar keine Vereinbarung, es gab nur den unausgesprochenen Wunsch von einer Seite.

Gerne passiert diese Fehlinterpretation einer Vereinbarung auch beim Sex. Wenn es dazu nicht kommt, mault einer gerne: »Dabei hatte ich mich den ganzen Tag so auf den Sex mit dir gefreut.« Nun ja, das ist eine Vereinbarung alleine mit seiner internen Wunschzentrale, aber nicht mit seinem Partner.

Oft finden Pseudovereinbarungen nur noch in unserem Kopf statt: Man schaltet um auf Vorfreude und vergisst, dass man auch in der Realität noch etwas Konkretes dafür tun muss.

Besonders gerne und viel wird in Beziehungen vorausgesetzt. Was wird da nicht alles unausgesprochen erwartet, ist irgendwann und irgendwie selbstverständlich, und wenn es dann nicht so läuft, werden diese in Wahrheit nie getroffenen »Vereinbarungen« eingeklagt – und mit Ärger, Wut, Kopfschmerzen und anderen Gegenmaßnahmen bestraft, dass es nur so kracht. Die Verwunderung ist dann groß, denn man erlebt in seinem eigenen Leben Szenen, wie man sie sonst nur im Theater oder im Kino gesehen hat. Es ist der Fluch der nie ausgesprochenen, aber vorausgesetzten Vereinbarungen.

Elisabeth und Konstantin nicken beide wissend, auch bei ihnen hatten sich die Selbstverständlichkeiten breitgemacht. »Aber wie kommt man da wieder heraus?«, fragen sie.

Das ist der nächste Punkt zur Tit-for-Tat-Regel 3: Akzeptiere, was bisher war, und dass überhaupt etwas schiefgelaufen ist. Es ist so, es war so; es war nicht gut so, okay. Jeder Nachteil hat auch einen Vorteil.

Und mal wieder bestätigt sich eine Großelternweisheit in der Wissenschaft: Was nichts kostet, ist nichts wert. Das Unterbewusstsein spielt da trefflich mit und übernimmt diese Regel eins zu eins.

Was dagegen mit Blut, Schweiß und Tränen, mit viel Anstrengung, und Entbehrungen erworben oder schwer erarbeitet wurde, ist auch im Unterbewusstsein, im Langzeitgedächtnis, viel mehr wert.

Das gilt besonders auch für unser Verhältnis zum Geld: Viel Geld zu erben, ist etwas anderes, als es sich schwer erarbeiten zu müssen. Es gibt Untersuchungen über Lottogewinner, die zeigen, dass viele nach fünf Jahren ärmer als zuvor waren. Sie hatten sich an etwas gewöhnt und geglaubt, es gehe nun alles von alleine weiter. Mit der Auszahlung hatten sie an eine Vereinbarung geglaubt, sie müssten nie wieder Geldsorgen haben. Diese Vereinbarung gab es aber nicht. Und als sie dies merkten, war der Gewinn verschleudert. »Emotionale Inflation« ist der Fachbegriff dafür, der aus dieser Untersuchung über Lottogewinner stammt. Das Ergebnis der Untersuchung war, dass alle höchstens ein Jahr glücklicher waren als vorher, dann ließ das Glück nach und alles war »selbstverständlich«.

So brutal es klingen mag, aber genau dann braucht es den Reinfall, die Katastrophe, den misslungenen Konflikt, die Krankheit, den Unfall, die Trennung, die Scheidung, was auch immer, um wieder wach zu werden, seine Mitte neu zu definieren.

Konstantin interpretierte das sofort für seine Situation: »Dann war unser ekelhafter Rosenkrieg, der uns ein Vermögen und einige Jahre unseres Lebens gekostet hat, ja echt etwas Gutes!«.

Coach: »Könnte man so sehen.«

Elisabeth: »Dann nehmen wir ab sofort das Wort »Vereinbarung« in die Liste der 100 wichtigsten Wörter unserer neuen Liebe mit auf.«

Der Weg für Elisabeth und Konstantin, aus dieser scheinbar vertrackten Win-loose-Situation wieder eine Win-win-Situation zu machen, funktionierte nur über die klare Absprache, sich zukünftig die Verantwortung zu teilen. Dazu gehört die klare Analyse und Absprache:

- Wie machen wir das in Zukunft?
- Was sollten wir ändern?
- Was schlägst du vor, was anders laufen sollte?
- Ich habe da schon eine gute Idee, möchte aber unbedingt deine Meinung dazu hören …

Schon in dieser Phase muss deutlich werden, dass beide verantwortlich sind und sich verantwortlich fühlen.

Bei jeder neuen Vereinbarung lohnt sich die Nachfrage:

- Wie zufrieden sind wir mit dieser Lösung?
- Haben wir alles bedacht, was uns wichtig ist?
- Für mich passt alles so, wie steht's mit dir?
- I ch habe noch einmal drüber nachgedacht, wenn ich du wäre, wäre mir das und das auch noch wichtig …

Das Ziel muss sein:

• Wie bekommen wir das hin, dass wir beide zufrieden sind?
• Wir sollten beide Nutznießer sein.
• Ich mache nur mit, wenn es sich für uns beide lohnt.

Es ist kein großer Aufwand, alle diese Fragen in einem fairen Gespräch zu stellen und zu beantworten. Am Ende steht die unumstößliche Vereinbarung, es noch einmal miteinander versuchen zu wollen. Alleine dafür hat sich Tit-for-Tat mehr als gelohnt.

Tit-for-Tat-Regel 4

Schlage bei Verrat sofort und angemessen zurück.

Diese Regel ist eine Besonderheit der Tit-for-Tat-Strategie. Sie wäre ohne das Computerturnier von Robert Axelrod, in dem er die Softwareprogramme zur Lösung von Konflikten gegeneinander antreten ließ, nie so klar erkennbar geworden.

Spieltheoretisch besteht die Regel darin, den letzten Zug des Mitspielers zu kopieren. Setzt der auf Verrat, wird mit Verrat reagiert. Bietet der andere daraufhin Kooperation an, was einer Wiedergutmachung und Entschuldigung entspricht, tut man das auch.

Das ist eine höchst simple spieltheoretische Entscheidungsmöglichkeit. Ihre Bedeutung für die Konfliktlösung ist dagegen immens. Es ist Robert Axelrod zu verdanken, dass die Bedeutung dieser Strategie für die Lösung von streitigen Beziehungen in der Politik oder der Wirtschaft erkannt wurde. Was wir hier mit diesem Buch machen, ist nur die Überführung dieser Strategie unter psychologischen Gesichtspunkten für den Einzelnen in die Alltagstauglichkeit.

Wir wissen inzwischen, dass der erschreckend starke Anstieg von Burn-out-Erkrankungen auf unbewältigte Konflikte im Beruf und der Familie zurückzuführen sind. Und wir wissen auch, dass über 40 Prozent der Burn-out-Erkrankten in der Berufsunfähigkeit landen. Hier wird neben dem privaten Schaden auch ein hoher volkswirtschaftlicher Schaden angerichtet. Der Einsatz der Tit-for-Tat-Strategie in der Behandlung der Burnout-Patienten könnte hier eine echte Heilungsquote produzieren, die sogar der Wirtschaft dient.

Schlage bei Verrat – bei Nichteinhaltung einer Vereinbarung – sofort und angemessen zurück.

Was heißt das: Sofort und angemessen?

Alleine die Erlaubnis, nein, die Pflicht zur Gegenaggression ist eine ideologische Einzigartigkeit. Unsere Erziehung hat uns über Jahrhunderte gelehrt, auf Aggressionen beruhigend und nachgiebig zu reagieren, um eine Eskalation zu vermeiden. »Wenn dich jemand auf die linke Backe schlägt, dann halte ihm auch die andere hin.« So steht es im Matthäusevangelium, 5. Kapitel, Vers 39. Der Volksmund fügt hinzu: »Der Klügere gibt nach.« Das soll plötzlich falsch sein?

Diese Nachgiebigkeitshaltung ist tief drin in unserem psychologischen Betriebssystem und der Grund, dass 71 Prozent der Deutschen aggressiv gehemmt sind.

Die ideologischen Ansichten sollen hier nicht weiter erörtert werden, weil es in diesem Buch nun wirklich nicht um Ideologie geht, sondern einzig und alleine um die Frage, was wir im Alltag besser machen können, wie wir erfolgreicher streiten.

Sofort und angemessen.

Das sind zwei neue Welten.

Wie reagieren wir im Normalfall, wenn ein Partner eine Vereinbarung nicht einhält?

Mit Verständnis, Verzeihen und Hoffen.

Das könnte zum Beispiel so aussehen:

- Eine Vereinbarung wird das erste Mal gebrochen. Unsere Reaktion: »Oh, das geht aber nicht. Na ja, war ja nicht so schlimm, wird schon nicht wieder vorkommen. Wir sagen mal nix.«
- Die Vereinbarung wird das zweite Mal gebrochen. Unsere Reaktion: Wir sind ziemlich sauer. »Was soll das denn? Das geht ja gar nicht, der andere hat ja nix kapiert. Warum zum Teufel… Das müssen wir sofort ansprechen. Na ja, das passt jetzt gerade nicht. Wäre blöd, wenn der andere das in die falsche Kehle kriegt, dann gibt's Stunk. Komm, halten wir den Mund und suchen keinen Streit.«
- Die Vereinbarung wird das dritte Mal gebrochen. Unsere Reaktion: Wir sind schwer empört. »Da war ja wohl alles umsonst. Was bildet der andere sich ein? Da geht nur noch Trennung. Das darf niemand mit uns machen. So eine Schweinerei. Das muss jetzt raus. Es reicht. Wie fangen wir am besten an? Der andere wird natürlich alles abstreiten. Das muss jetzt sitzen. Wir dürfen dem anderen keinen Anlass geben, irgendwas abzustreiten oder einen Nebenkriegsschauplatz zu eröffnen. Mist, so stark sind wir heute nicht. Die Auseinandersetzung könnten wir verlieren. Wir brauchen noch mehr Fakten. Wir müssen uns besser vorbereiten. Wir sagen dieses Mal besser noch nichts.«
- Die Vereinbarung wird das vierte Mal gebrochen.

Unsere Reaktion: Wir explodieren, sind zutiefst verletzt und stinksauer. Wir schreien. Alles bricht aus uns heraus. Gott sei Dank: Es gibt uns noch. »Das muss ja wirklich alles einmal gesagt werden. Hätten wir schon viel früher machen müssen ...«

Und was passiert jetzt?

Was passieren muss: Der andere empfindet unseren Wutausbruch bei diesem unbedeutenden Anlass als völlig überzogen. Der andere wird uns bezichtigen, wir seien ja wohl offensichtlich hier der Kriegstreiber, wegen so einem kleinen Anlass so ein Fass aufzumachen ... es sei ja wohl völlig klar, wer hier ein Problem mit seinen Gefühlen und der Realität hat ...

Aus seiner Sicht hat der andere recht. Er hat ja nur den letzten, den vierten Anlass mitbekommen. Die vorherigen drei Anlässe kennt er nicht. Die haben aus seiner Sicht gar nicht stattgefunden. Das hatten wir ja mit unserem stillschweigenden Einverständnis noch bekräftigt.

Wahrscheinlich hat sich mancher in dieser Geschichte wenigstens teilweise wieder erkannt. Ganz klar ist, dass bei diesem Beispiel kein »sofort und angemessen« zu erkennen war. Die Reaktionen waren im Gegenteil »verzögert und unangemessen«.

Wie sähe dieses Beispiel bei Anwendung der Regel 4 von Tit-for-Tat (Reagiere sofort und angemessen) aus?

- Die Vereinbarung wird das erste Mal nicht eingehalten.

Unsere Reaktion: Wir bekommen es mit und sprechen es sofort an. Sachlich und klar. »Das ist nicht das, was wir besprochen haben«.

Pause.

Wir lassen dem anderen die Chance, etwas zu sagen oder auch nichts zu sagen.

- Die Vereinbarung wird das zweite Mal nicht eingehalten.

Unsere Reaktion: Wir sprechen es sofort an. »Das ist nicht unsere Vereinbarung, sie ist zum zweiten Mal verletzt worden. Das ärgert mich, das regt mich auf. Ich werde sauer. Lass das bitte sein.«

Pause.

Wir lassen dem anderen die Chance, dazu etwas zu sagen oder auch nicht.

- Die Vereinbarung wird das dritte Mal nicht eingehalten.

Unsere Reaktion: Wir sprechen es wieder sofort an. »Hey, das ist das dritte Mal, dass du unsere Vereinbarung nicht eingehalten hast, das ist der dritte Verrat. Ich bin stinksauer, schwer empört und voller Aggressionen; ich erwarte von dir, dass du das sofort beendest und das tust, was wir vereinbart haben – ohne Wenn und Aber. Lass dir was einfallen, wie du das wiedergutmachst. Wenn das noch einmal passiert, werde ich ...«

Und dann folgt eine ernst gemeinte realistische Drohung. Es muss etwas angedroht werden, was dem anderen den gleichen emotionalen und sachlichen Schaden zufügt, den er uns angetan hat. Egal ob im gleichen Lebensbereich oder einem völlig anderen. Es muss angemessen sein und dem anderen genauso wehtun und schaden, wie er uns verletzt hat. Dabei ist es nicht wichtig, was wir denken und fühlen, sondern nur, was der andere fühlt und was ihm wehtut. Wir müssen es ernst meinen und der andere muss es spüren und verstehen, dass wir es ernst meinen.«

• Die Vereinbarung wird das vierte Mal nicht eingehalten.

Unsere Reaktion: Wir sagen: »Okay, das war der vierte Verrat unserer Vereinbarung. Du hast es gewusst, du hast es riskiert oder so gewollt, jetzt passiert es. Wenn du noch einmal zu unserer Vereinbarung zurückkommen willst, lass dir etwas einfallen.« Ich setze das, was ich angedroht habe, ohne Wenn und Aber und ohne Abstriche um.

Das ist Tit-for-Tat. Reagiere sofort und angemessen.

Konstantin stellt fest: »Das klingt grausam und hart, aber auch gerecht und gut. Ich lasse den anderen immer das Gesicht wahren und verliere dabei meins auch nicht. Ich muss nicht sofort in den Heiligen Krieg. Der andere kann und muss jederzeit bewusst entscheiden, was er tut oder nicht tut. Und das kann man wirklich lernen?«

Elisabeth ist skeptisch: »Das schaffe ich nie, da muss ich ja meine Gefühle in allen Abstufungen zulassen und steuern können. Bis jetzt kenne ich nur Harmonie und Liebe oder Wut und Ärger bis zum Heiligen Krieg.«

Man kann es lernen, wenn man seine Gefühle kontrollieren kann. Wie das geht, haben wir mit der Klopftechnik beschrieben.

Dem »sofort zurückschlagen« dieser Regel folgt das »angemessen zurückschlagen«. Für das »angemessen« gibt es keine Vorgabe. Bei jeder Auseinandersetzung muss es neu entwickelt werden.

Das »angemessen« setzt sich aus vier Ebenen zusammen:

- Wie bewerte ich die tatsächliche Verletzung einer Vereinbarung?
- Wie schätze ich den psychischen Zustand des Empfängers ein, seine individuellen Empfindlichkeits- und Schmerzgrenzen?
- Wie sind meine Bedürfnisse und Gefühle?
- Was sind meine weiteren Kooperationsziele?

Dieses »angemessen« ist die wichtigste und die flexibelste Variable der ganzen Tit-for-Tat-Strategie.

Sie ist ähnlich brisant wie die Kindererziehung. Üblicherweise sind wir bei der Erziehung mal streng, mal lassen wie die Zügel lockerer, mal arbeiten wir mit Bekräftigung, mal mit Bestrafung. Alles kann sinnvoll sein, wenn es einem übergreifenden Plan folgt. Wechseln sich die Erziehungsstile von Vater und Mutter oder Eltern und Großeltern einfach nur ab und widersprechen sich noch dabei grundlegend, wird bald überhaupt keine Erziehung mehr wirken. Dann übernimmt die Anarchie des Kindes die Macht. Und nichts macht Kindern mehr Spaß, als die sich widersprechenden Erziehungsstile ihrer »Befehlshaber« gegeneinander auszuspielen.

Ein wichtiges Element ist also die Nachhaltigkeit und Konsequenz, mit der Erziehungspersonen ihre Normen durchsetzen. Nicht anders verhält es sich bei der Tit-for-Tat-Regel 4.

Die vier Handlungsanweisungen des »sofort und angemessen zurückschlagen« müssen absolut verinnerlicht werden:

• Mitteilen,
• Ärger ausdrücken,
• Strafe androhen,
• Strafe umsetzen.

Wie bewerte ich die tatsächliche Verletzung einer Vereinbarung?
Wenn jemand das erste oder zweite Mal 20 Minuten zu spät kommt, ist das ein kleiner Anlass, der mit »Ich habe die 20 Minuten gut nutzen können« ausreichend kommentiert ist.

Kommt jemand das dritte Mal zu spät, und das möglichst auch noch jedes Mal mit einer anderen Ausrede, so sollte man auf einen »systematischen Fehler« tippen und ankündigen, dass man diese Geringschätzung nicht länger tolerieren will. Wir fordern eine sofortige Wiedergutmachung ein, zum Beispiel dass der andere die Restaurantrechnung bezahlt.

Wir haben also alle drei Verstöße gegen die Vereinbarung immer sofort mitgeteilt, haben unseren Ärger ausgedrückt, haben eine Strafe angedroht und sie umgesetzt.

Kommt derjenige dann auch beim nächsten Mal zu spät, lohnt sich die Frage, was hinter einem solchen systematischen Akzeptanz- und vermutlich auch Dominanztest steckt. Angemessenes zurückschlagen könnte so aussehen: Fünf Stunden vor unserem Termin schicken wir eine SMS, in der wir darauf hinweisen, dass wir heute um 17 Uhr verabredet sind. Drei Stunden vorher schicken wir eine SMS, in der wir fragen, was aus unserer Verabredung heute um 17 Uhr wird. Die dritte SMS senden wir eine Stunde vorher: »Wie viel kommst du heute zu spät?«. Wenn alle drei SMS nicht beantwortet werden, schicken wir noch eine SMS: »17.03 Uhr bin ich weg.« Und man bleibt. Dieses Quälen und ständige Erinnern wird man natürlich nur dann machen, wenn einem der andere wirklich wichtig ist.

Kommt jemand das fünfte oder sechste Mal zu spät, ist es sinnvoll, die Beziehung komplett abzubrechen. Die Begründung: »Eine solche dauerhafte Geringschätzung meiner Person bin ich weder bereit noch in der Lage auszuhalten, zu ertragen oder zu tolerieren. Ich wünsche dir für deinen weiteren Lebensweg alles Gute.«

Wie schätze ich den psychischen Zustand des Empfängers ein, seine individuellen Empfindlichkeits- und Schmerzgrenzen?

Grundsätzlich kann gelten: Auf einen groben Klotz gehört ein grober Keil; bei einem sensiblen Gegenüber reicht vielleicht schon ein kleiner Hinweis. Es gibt Menschen, die sind so strukturiert, dass man etwas laut, deutlich und einfach sagen und am besten mehrfach wiederholen muss, damit sie es überhaupt zur Kenntnis nehmen und sich merken können. Andere sind so differenziert und sensibel strukturiert, da braucht man bei der Begrüßung nur woanders hinzugucken, und sie fragen sich dann schuldbewusst, was sie falsch gemacht haben könnten.

Man muss also einschätzen können, wie sein Gegenüber strukturiert ist: Hat der eine etwas verschlampt, vergessen oder völlig anders gemacht, muss man vielleicht sogar schreien, auf jeden Fall massiv die Änderung verlangen, das schriftlich machen und eine deftige Vertragsstrafe androhen. Bei einem anderen genügt die schriftliche Mitteilung, dass etwas nicht zu stimmen scheint. Der wird von Ehrgeiz und Stolz angespornt nach kurzer Zeit die Botschaft schicken: »Danke. Geändert und erledigt.«

Wie sind meine Bedürfnisse und Gefühle?

Den einen von uns ist Anerkennung wichtig, den anderen nicht. Der eine wünscht sich Nähe, der andere Distanz. Der eine will alles genau wissen, der andere fühlt sich durch zu viele Details nur belästigt. Der Genussmensch möchte über seine Gefühle reden dürfen, dass sie berücksichtigt werden, und gesteht das auch anderen zu. Der Kopfmensch möchte genau das nicht, er will nur Details, Zusammenhänge und Möglichkeiten erläutert bekommen. Den Machtmenschen interessieren Tatsachen, Fakten und Ergebnisse, aber auf keinen Fall Gefühle, ausschweifende Verlaufsbeschreibungen oder gar Wiederholungen. Der Gefühlsmensch möchte vor allem Verständnis, Harmonie, Akzeptanz und Toleranz.

Wer sich noch nicht mit diesen Persönlichkeitstypen beschäftigt hat, ist da anderen gegenüber im Nachteil, weil er keine ordentliche Gebrauchsanleitung für den Umgang mit seinen Mitmenschen hat. Er weiß einfach nicht, welche Persönlichkeitsstruktur wie behandelt werden will und muss. Und er weiß auch nicht, wie er selbst bei dem anderen ankommt, wann er ihm sympathisch ist, wodurch er ihn wahnsinnig macht und riskiert, dass er sich schon aufregt, wenn er ihn nur sieht. Wer sich diese Elementardisziplin des Lebens bislang erspart hat, sollte sie dringend nachholen. Das Fachbuch hierzu: *Die Platin-Regel. Vom erfolgreichen Umgang mit Geschäftspartnern, Kollegen, Vorgesetzten und Mitarbeitern* von Tony Alessandra und Michael J. O'Connor.

Was sind meine weiteren Kooperationsziele?
Wenn wir mit dem anderen sowieso nicht mehr lange oder nie wieder zu tun haben, weil er zum Beispiel in unserer Firma gekündigt hat, wird man keine großen Vergeltungsmaßnahmen mehr einleiten, weil es sowieso die letzte gemeinsame Aktion in diesem Leben war.

Wenn ein Mitarbeiter in unserer Firma aber frisch angefangen hat, ist der Umgang mit jedem Fehler, und sei er noch so klein, ein Politikum und kann, eingebettet in Verständnis und Freundlichkeit, nicht hoch genug gewichtet werden. Schließlich soll er diesen Fehler nicht mehr machen oder besser: nie wieder machen.

Wenn ich mich sowieso von jemandem trenne, gilt: Je kleiner der emotionale Aufwand, umso besser. Nur keine unnötigen Eskalationen mehr: Ignorieren, ertragen, in Kauf nehmen ist mehr wert, als Gefühle zu investieren, sich aufzuregen und dann alles wieder runterregeln zu müssen. Der andere hat ja vielleicht sogar seine Freude daran, uns zu provozieren und die Spannungen ins Unerträgliche zu steigern.

Ganz anders, wenn wir langfristige Kooperationsziele haben, zum Beispiel in der Ehe, im Sport oder im Beruf. Und je höher wir das Kooperationsziel einschätzen, umso wichtiger wird die richtige Umsetzung der Handlungsanweisungen, desto mehr Mühe müssen wir uns geben.

Tit-for-Tat-Regel 5

Frage bei Vermutungen aller Art nach, bevor du reagierst.

Konstantin und Elisabeth haben sich darüber beschwert, dass es zur Tit-for-Tat-Strategie zu viele Zusatzinformationen und zusätzliche Aspekte zu berücksichtigen gibt. Also befreiten wir beide von ihrer »Ich muss alles auf einmal kapieren und umsetzen«-Überforderung. Dieses Gefühl ruft nämlich Stress hervor und demotiviert. Die Maßnahme hieß: Eins nach dem anderen oder Step by Step. Dieser Weg ist sowohl clever als auch ein ganz wichtiger »Trick« im Alltag. Zentriere dich, wenn es dir zu viel wird oder droht, zu viel zu werden, immer nur auf den nächsten Schritt.

Dieses Kapitel regt an, selbst einmal nachzufragen: Warum hat eigentlich die geniale Tit-for-Tat-Strategie es bisher nicht geschafft, aus der Schatzkammer der Wissenschaft in die Bestenliste der nützlichsten Alltagsstrategien zu gelangen? Ganz einfach: Niemand hat sich bislang die Mühe gemacht, diese Strategie alltagstauglich, wetterfest, pragmatisch, einfach erlernbar und easy anwendbar zu machen.

Für Regel 5 heißt das: Tipps und Tricks zur Gesprächsführung, zur konkreten Beziehungsgestaltung anzuwenden.

Nicht alle Konflikte entstehen aus Bösartigkeit. Im

Gegenteil: Dazu gehören wahrscheinlich weniger als 15 Prozent. Über 80 Prozent aller Konflikte entstehen aus Fahrlässigkeit. Sie beginnen meist damit, dass einer der Beteiligten, der sich gerade im Stress befindet und nicht cool genug ist, diesem Stress zu entgehen, einen Fehler macht. Ein Fehler, den er selbst oft gar nicht bemerkt. Egal ob ein kleiner Fehler oder ein großer Fehler – dieser Fehler bewirkt, dass er eine Vereinbarung, eine Regel oder eine Norm aus der Sicht des anderen nicht einhält und diesem Schaden zufügt. Was daraus entstehen kann, ist uns allen aus dem Alltag nur zu gut bekannt: Es kommt zum Streit, der eskaliert, führt zu Feindschaft und am Ende weiß keiner mehr, woher die Wut und der Hass kommen.

In der Sprache von Tit-for-Tat: Wenn eine Vereinbarung nicht eingehalten wird, wird mit Regel 4 in vier Schritten sofort und angemessen reagiert.

1. Der erkannte Verrat wird mitgeteilt.
2. Der Ärger wird ausgedrückt und auf ein Feedback wird gewartet.
3. Die Vergeltungsmaßnahme oder Strafe wird angedroht.
4. Die Vergeltungsmaßnahme oder Strafe wird umgesetzt.

Auf jeder Ebene ist es allerdings manchmal auch ratsam nachzufragen, weil man selbst ja etwas missverstanden haben kann oder der andere seinen Verrat gar

nicht bemerkt haben könnte. So könnten diese Fragen
– es gibt hier drei Level – aussehen:

Level A (erste Verletzung der Vereinbarung)
- Warum hast du das gemacht?
- Wieso hältst du dich nicht an unsere Vereinbarung?
- Was ist passiert, dass du so etwas machst?
- Darf ich fragen, warum du mir und dir so was antust?

Oft ist an dieser Stelle der Streit schnell aus der Welt
geschafft.

Level B (zweite Verletzung der Vereinbarung)
- Du hast doch mitbekommen, wie gemein ich es fand, dass du unsere Vereinbarung gebrochen hast, dass ich mich darüber sehr geärgert habe …
- Pause. (Die Pause ist eine subtile Form der Rückfrage.)

Wenn keine Antwort kommt:
- Ich bitte dich sehr ernsthaft, mir zu erklären, wie es dazu kommen konnte.
  Warum machst du so was?
- Wie egal ist es dir, wenn ich mich ärgere, aufrege, sauer oder wütend bin?

Spätestens jetzt sollte in einer funktionierenden Partnerschaft, in der Ehe, im Beruf, im Bekanntenkreis der
Streit aus dem Weg geräumt werden können.

Level C (dritte Verletzung der Vereinbarung)

- Du hast jetzt das dritte Mal ..., und ich bin nicht mehr bereit, das hinzunehmen.
- Im Gegenteil, ich werde mich, wenn du noch einmal unsere Vereinbarung verletzt, mich mit ... an dir rächen/dir das ... dafür antun/mich so ... revanchieren.
- Ich mache das jetzt nicht gerne, aber du zwingst mich dazu.
- Ist dir das eigentlich alles egal oder warum reagierst du nach wie vor mit Verrat?
- Ist dir klar, dass, wenn du jetzt so weitermachst, du für die nächste Eskalation voll verantwortlich bist?
- Kannst du bitte mal wiederholen, was ich gerade gesagt habe? Ich bin mir nicht sicher, ob ich mich klar genug ausgedrückt habe und ob das bei dir wirklich angekommen ist.
- Ich möchte unsere Vereinbarung unbedingt retten und bin dafür auch bereit, bitte sage mir, ob du verstanden hast, was ich gesagt habe, was ich meine!
- Wir wirkt das alles auf dich?
- Willst du diese Eskalation wirklich?

Dieses Nachfragen ist ein klassisches Tit-for-Tat-Element. Auf der einen Seite reagiert man auf den anderen, der den Konflikt hat eskalieren lassen. Das muss sein, sonst ginge es immer so weiter. Auf der anderen Seite wird jederzeit der Rückweg, der Ausweg aus der Krise, eine Chance zur Deeskalation angeboten.

Mit dem Angebot zum Reflektieren anstelle von Weiteragieren, mit dem Angebot, alles von außen aus der Adlerperspektive zu betrachten und umzuschalten, geben wir dem anderen die Chance, sich zu korrigieren. Wir zeigen ihm, dass wir annehmen, er handele nicht willentlich absichtlich (bewusst und zielgerichtet) bösartig, sondern aufgrund von Stress, aus Überforderung und Fahrlässigkeit. Wir unterstellen ihm, dass sein Verhalten eben gerade nicht seinen Absichten, Bedürfnissen und Zielen entspricht, und geben ihm die Chance zurück zu rudern.

An diesem Punkt ist es gar nicht unwahrscheinlich, dass der andere sogar froh ist, wenn ihn da jemand vom falschem Weg wegführt, von dem befreit, was er selber nicht bis zu Ende gedacht hat, was sich nur aus dem Hin und Her des Alltages ergeben hatte.

Wichtig ist in jedem Fall die Reihenfolge!

Regel 5 »Frage bei Vermutungen aller Art nach, bevor du reagierst« kommt erst nach Regel 4 »Schlage bei Verrat sofort und angemessen zurück«. Warum?

Zu frühes Rückfragen kann schnell als das gewollte Vermeiden von Sanktionen, als ein Sich-nicht-Trauen, ein Angebot, sich unterordnen zu wollen, missverstanden werden.

Die Abfolge »erst Regel 4, dann Regel 5« macht sowohl die anstehende selbst verursachte Eskalation als auch die Möglichkeit, diese zu vermeiden, bewusst.

Das Nachfragen, das Antworten und das Darüber-Reden führt auf jeden Fall zum Unterbrechen und oft auch zum Beenden von etwas, was sich verselbstständigt hatte. Erfahrungen, die wir alle schon gemacht haben, sind: wenn wir uns an Stress erinnern, der uns überforderte, der sich hochschaukelte, wo alles irgendwie eskalierte. Und waren wir nicht schon mindestens einige Male dankbar, wenn uns jemand wachgerüttelt und uns zu Klarheit im Kopf aufgerufen hat? Wo eben noch die Hormone, die verletzten Gefühle und die Automatismen regierten, konnten wir plötzlich wieder auf Ratio und die eigenen wirklichen Ziele und wahren Bedürfnisse umschalten.

Das ist das Verrückte an Regel 5 von Tit-for-Tat: Wenn man sich in einer schwierigen Situation, die bisher immer mit Spannungen verbunden war, zu Nachfragen, Verstehen und Akzeptanz durchringt, kann plötzlich etwas, was lange schwierig schien, umkippen in Leichtigkeit und Lebensfreude.

Tit-for-Tat-Regel 6

Entschuldige dich sofort und leiste Wiedergutmachung, wenn du selber eine Vereinbarung gebrochen hast oder irgendetwas fahrlässig oder schuldhaft zu verantworten hast.

Diese Regel 6 klingt zunächst wieder sehr harmlos. Sie ist so selbstverständlich und klingt so einfach. Es gehört aber schon etwas menschliche Größe dazu, sie zu befolgen – und die Fähigkeit, sich dem anderen, egal ob man sich schuldig oder unschuldig fühlt, auszuliefern.

- Ein Beispiel für Regel 6: Ich bin zu einer Besprechung im Frankfurter Flughafen um 12 Uhr eingeladen und fahre in München extra um 7 los, um rechtzeitig einzutreffen. Im Altmühltal, keine 100 Meter vor mir: ein Unfall. 100 Meter weiter, und es hätte mich erwischt. Aber natürlich stehe ich jetzt im Stau. Zwei Stunden später komme ich an der Unfallstelle vorbei. Bis 12 Uhr kann ich meinen Termin nicht mehr schaffen. Jetzt gehört es sich, dass ich die anderen drei Gesprächsteilnehmer, die ja auch alle von irgendwo herkommen, informiere. Natürlich werden die sauer sein und sich nicht dafür interessieren, dass ich eben gerade so mit dem Leben davongekommen bin. Sie werden schimpfen und fluchen und natürlich darüber reden, dass ich wohl wieder nicht aus dem Bett gefunden hätte.

Nach Regel 6 von Tit-for-Tat nehme ich die Schuld auf mich, denn wegen mir können die anderen nicht anfangen und sind zu Recht sauer.

Regel 6 verlangt auch, dass ich eine Wiedergutmachung anbiete. Zum Beispiel: Geht bitte, bis ich komme, ins Sheraton-Restaurant und lasst es euch auf meine Kosten gut gehen. Natürlich werde ich das nächste Mal noch eher losfahren und natürlich werden die anderen, wenn sie nachher hören, dass ich gerade mit dem Leben davongekommen bin, mir auch einen Drink ausgeben. Aber zunächst habe ich mich ohne Wenn und Aber zu entschuldigen und Wiedergutmachung zu leisten.

Mich den Reaktionen der anderen auszuliefern, das muss man wollen, können und aushalten.

Bei unserem verspäteten Treffen allerdings gleich damit loszulegen, dass ich gerade noch mit dem Leben davongekommen bin, wäre nicht Tit-for-Tat, sondern, eine Zuwendungs-, Erpressungs- oder Mitleid-Bettel-Maßnahme. Auch bei einer Entschuldigung und Wiedergutmachung ist es wichtig, nicht Effekte haschen zu wollen, sondern authentisch zu sein.

Es kommt, wenn man ehrlich ist, ziemlich häufig vor, dass wir etwas versprechen und nicht einhalten. So gehört die Aussage »Ich rufe zurück« zu den vier größten Lügen der Menschheit. (Die anderen drei sind: »Du bekommst dein Geld«; »Ich liebe dich« und »Ich verstehe dich«).

Leichtfertig, aber in dem Moment sogar ehrlichen

Herzens, verspricht man etwas, um es in den nächsten Minuten schon wieder zu vergessen. Man verspricht seinem Sohn in ehrlicher Absicht zum Beispiel, dass man beim nächsten Fußballspiel unbedingt dabei ist, und dann hat der Job oder dieses Projekt doch Vorrang. Und anschließend gehen wir mal wieder ein Bier trinken und versprechen unserem Kollegen, bei unserem nächsten Besuch bei ihm zu Hause alle Urlaubsbilder ausführlich anschauen zu wollen. Nichts davon passiert.

Darum: Das alles sollte man entweder sein lassen oder, wenn wir es doch versprochen hatten, mit einer ernst gemeinten Entschuldigung plus Wiedergutmachung auslösen.

Es müssen nicht immer gleich große Wiedergutmachungen mit Champagner und Kaviar für alle sein. Eine kleine Geste der Aufmerksamkeit ist dann völlig angemessen, wenn sie ausdrückt, dass man sich in den anderen hineinversetzt hat und verstanden hat, was ihm wichtig ist.

Wer zu den Leuten gehört, die sich beim Entschuldigen unwohl fühlen oder sich komisch vorkommen, für die wird es jetzt Zeit, sich neu zu programmieren.

Früher galt der Blumenstrauß, wenn man zum Beispiel den Hochzeitstag vergessen hatte, als eine akzeptable Entschuldigung. Natürlich nur, wenn er angemessen teuer war. Heute ist ein Blumenstrauß, besonders wenn er übers Internet kommt, eher eine Grund, darüber nachzudenken, was der andere wohl wirklich auf dem Kerbholz hat, wenn er schon zu so verdächtigen Mitteln greifen muss. Die Zeiten ändern sich.

Recht haben zu müssen ist nach wie vor eine sehr beliebte Disziplin auf Partys, auf Meetings, am Tisch des Chefs oder im Restaurant mit Kunden oder auf Familienfeiern. Da wird gerne übertrieben oder mit dem Nicht-Wissen der anderen gepokert und auch mal mit fester Stimme etwas behauptet, von dem man in dem Moment selber nicht genau weiß, ob es stimmt.

Sich dann zu entschuldigen, ist oft der schwierigste Satz der Welt: »Du hast recht – es ist so, wie du sagst.« Dieser Satz gehört schon zu den Merkmalen menschlicher Größe.

Wem dieser Satz so schwerfällt – und es werden wohl die meisten sein –, der sollte sich darin schulen und üben. Und das geht ganz einfach: Wann immer du erkennst, dass der andere recht hatte, sag es ihm, ruf ihn im Nachhinein an oder schreib ihm eine Mail: »Du, ich komme noch mal auf diesen Streit zurück, und es ist mir wichtig, dir zu sagen: Du hattest recht.« Da kommt jedes Mal etwas Positives zurück. Garantiert. Früher oder später. Denn so ein Verhalten ist selten in unserer Zeit der Egomanen, Narzissten und Burn-outer.

Ein Kollege von mir, mit dem ich lange Zeit sehr intensiv zusammengearbeitet hatte, trennte sich im Rahmen einer sehr komplexen Konfliktsituation von mir. Er entfachte mit seinen Schuldzuweisungen zwischen uns einen öffentlichen Krieg.

Natürlich waren wir beide sehr enttäuscht voneinander und sprachen mehrere Jahre lang kein Wort mehr miteinander. Irgendwann nach fünf Jahren schickte er mir eine Mail: Er sei jetzt endlich geschieden, hätte eine neue Liebe gefunden, wäre eine Woche im Kloster gewesen und hätte erkannt, dass er mir damals unrecht getan habe. Das täte ihm sehr leid. Er wolle allerdings immer noch nicht mit mir reden, aber es sei ihm wichtig, dass ich das wisse.

Das war Tit-for-Tat-Regel 6 in Reinkultur.

Es war nicht der Triumphmarsch aus Aida, den ich da hörte, als ich diese Mail las. Es waren Tränen, die da rollten. Und als wir uns Monate später zufällig in einem Tagungshotel trafen, da freuten wir uns über unser Wiedersehen wie die Schneekönige. Alles war wieder gut. Seitdem haben wir uns auch wieder privat und geschäftlich getroffen, eine neue Ära der Zusammenarbeit und der Freundschaft war möglich.

Tit-for-Tat-Regel 7

Akzeptiere die Gegenaggressionen anderer.

Gegenaggression. Schon dieses Wort klingt furchtbar. Aggression und Gegenaggression sind in unserem Unterbewusstsein nur negativ aufgeladen. Nur noch getoppt von Weltkrieg und Dschihad.

Es gibt kaum jemanden, der bei dem Wort »Aggressionen« positive Gefühle, Gedanken oder Assoziationen hat. Auch, weil so gut wie jeder von uns schon mal unter den Aggressionen anderer leiden musste, sich nicht wehren konnte oder durfte – den Aggressionen anderer hilflos ausgeliefert war. Und wir erinnern uns nicht nur an die körperlichen Aggressionen, sondern auch an die verbalen Erniedrigungen und Demütigungen sowie auch alle Arten von Machtmissbrauch durch Autoritäten, Pseudoautoritäten und andere Unbefugte.

Deshalb müssen wir zwei Dinge lernen:

• eine körperliche Bewältigungsstrategie – das Klopfen –
• Und ein neues Verständnis von Aggression.

Es gibt gesunde Aggressionen, destruktive Aggressivität und bösartige Zerstörungswut. Bevor wir die nicht unterscheiden können, wird das Unterbewusstsein schon beim Begriff »Aggression« uns immer wieder mit Schreckreaktionen einen »Streich« spielen.

Dieser »Streich« heißt schon beim Aufkommen des Gedankens, es könne sich um Aggression handeln: Vorsicht, Gefahr, Flucht, vermeiden, überleben, sei schnell, nicht nachdenken, handeln, abhauen, dumm oder schlau tun, auf keinen Fall mitmachen.

Es ist schon eine sehr erfreuliche Sache, dass unser Unterbewusstsein, unsere unterbewusste Security, so gut funktioniert. Und doch ist es irgendwie nicht nützlich, dass diese Security immer noch mit einem psychologischen Uralt-Betriebssystem arbeitet. Ein Update muss her.

Wenn wir hier über die Akzeptanz der Gegenaggression reden, dann geht es allerdings nur um die gesunden Gegenaggressionen: Wenn ich jemandem Schaden zufüge, ihm wehtue, dann hat er, verdammt noch einmal, ein Recht, sauer, ärgerlich oder wütend zu sein.

Nach Tit-for-Tat ist es gut, wenn wir Aggressionen nicht runterschlucken und Magenschmerzen oder Migräne, Schlafstörungen oder Depressionen bekommen. Richtig ist, diese Gefühle zuzulassen und dem Verursacher gegenüber angemessen zu zeigen.

Aber da gehören immer zwei dazu: der eine, der sich überwindet und seine gesunden Aggressionen innerlich akzeptiert und sie zu- und rauslässt, und der andere, der sie aushält und akzeptiert – denn er hat sie verursacht.

Wenn der andere also schimpft, flucht, böse guckt, schreit oder meckert, unhöflich wird, wenn er droht und mir ausführlich beschreibt, was er mir alles antun möchte, und zwar genau dort, wo es bei mir wehtut, dann ist das schon sehr gewöhnungsbedürftig, das zu akzeptieren.

Was für Gefühle können bei diesen Gegenaggressionen in mir entstehen?

Schuldgefühle aller Art. Ich könnte Angst bekommen. Ich könnte mich angegriffen, falsch verstanden, beleidigt und gekränkt fühlen. Ich könnte reflexartig auf Angriff, Kampf, Vernichtung, Blutrausch umschalten. Ich könnte ausrasten, ausflippen, im besten Fall nur rumschreien.

Das wäre so wie früher. Wir würden die Aggression anderer nicht akzeptieren. Nach heutiger Betrachtungsweise wäre es normal. Das alles aber wäre nicht die Regel 7 von Tit-for-Tat.

Genau diese bisher unterdrückten und abgelehnten Gefühle müssen wir steuern lernen, sonst werden sie uns überfluten, solange wir sie nicht akzeptieren. Was wir bislang schon gemacht haben, ist, die Einstellung zu ändern: Aus »gefährlich«, »schlecht« und »sinnlos« wurde »sinnvoll«, »gut« und »nützlich«. Jetzt geht es darum, aus »unangenehm« ein »neutral« oder sogar »wohltuend« zu machen. Wie? Mit der uns bekannten Klopftechnik.

Tit-for-Tat funktioniert nun einmal nur in der Einheit aller zehn Regeln. Und für einige Regeln müssen wir Tricks anwenden, um uns selbst Tit-for-Tat-fähig zu steuern.

Regel 7 muss eigentlich noch erweitert werden:

Neben »Akzeptiere die Gegenaggressionen anderer« gehört auch »Nimm Wiedergutmachungen und Entschuldigungen anderer an« dazu. Emotional geht es um die gleiche Art von Herausforderung.

Wenn ich emotional aufgeladen bin, zum Beispiel wütend, und meine Wut auslebe, dann auch noch beschlossen habe, den anderen jetzt vier Wochen leiden zu lassen, dann werde ich von seiner überraschenden Entschuldigung schlichtweg überrumpelt sein. Jetzt könnte ich ja denken: Vier Wochen war das Strafmaß, dabei bleibt's, basta.

Ich wüsste: Auch nach Regel 7 müsste ich die Entschuldigung annehmen und wieder auf kooperativ umschalten. Wenn ich jetzt aber nicht aus meiner Kränkung rauskomme, sie mir selber nicht eingestehe, bin ich starr im Denken, im Fühlen und bin unflexibel im Handeln. Das ist eine klassische Situation zum Klopfen, ansonsten bleibt man starr und Tit-for-Tat funktioniert nicht. Wer schon eine der zehn Regeln nicht einhält, wird mit Krieg bestraft. Der andere bemerkt: Der will Krieg …, soll er haben.

Woran merkt man, dass man bei Regel 7 starr bleibt?
Wenn ich zwar erkenne, dass der andere mir eine Entschuldigung oder Wiedergutmachung anbietet, ich aber an Details herumnörgle, die es eigentlich nicht wert sind. Ich finde seinen Tonfall komisch, vermutlich täuscht er die Entschuldigung nur vor, mutmaße ich. Die Entschuldigung hatte ich mir anders vorgestellt.

Ich bin starr, wenn ich Begründungen suche, das Angebot des anderen abzuschmettern.

Wie kommt man aus der Gekränktheitsfalle raus?
Die Antwort gibt Regel 5: Rückfragen.
- Wie ehrlich meinst du das?
- Ich bin eigentlich immer noch sauer/gekränkt/wütend und es fällt mir schwer, dir das zu glauben.

Tit-for-Tat-Regel 8

Kommuniziere das Positive in der Beziehung und das Kritische des Konflikts gleichzeitig.

Bei dieser Regel ist die Gesprächsführung gefordert. Man nennt das »positive Beziehungsgestaltung«. Erfolgreich ist die, wenn wir bewusste Botschaften zum Konflikt mit klarem Blick auf die Gefühle des anderen senden. Bei Tit-for-Tat darf dabei aber nicht vergessen werden, immer die eigenen Ziele im Auge zu behalten und immer für die eigenen Angelegenheiten kämpferisch aktiv zu sein. Bei dieser Regel müssen wir auf drei Fragen Antworten finden und diese dann miteinander verbinden:

1. Worum geht es bei dem Konflikt?
2. Wie ist das Befinden des anderen?
3. Was will ich, was ist mein Ziel?

Wer seine Gefühle dabei nicht verstecken muss, sondern sie zulassen, leben und zeigen darf, wirkt mental ziemlich stark, überzeugend und charismatisch. Weil die meisten anderen aggressiv gehemmt sind, werden sie diese mentale Stärke als eine Übermacht empfinden.

Das ist einerseits gut, wertvoll und wichtig, ist andererseits aber auch eine Gefahr. Wenn wir von anderen als besonders überlegen empfunden und eingestuft werden, knicken sie schnell ein, geben auf und ordnen sich leichtfertig unter. Natürlich tut es uns gut zu gewinnen. Passiert das aber häufiger, führt dieses leicht erreichte Gewinngefühl schnell zum Machtmissbrauch. An nichts gewöhnen sich kleine Kinder, Jugendliche, Chefs, aber auch Kollegen und Ehepartner so schnell wie daran, die Macht zu haben, recht und Anerkennung zu bekommen. Und ganz schnell ist das Gefühl dann im Autopiloten der Gewohnheiten verankert.

»Warum habe ich in unserem Scheidungskrieg eigentlich so viel Lust am Rechthaben und am Knechten gehabt?«, fragt Elisabeth: »Es war mir ein Hochgenuss, Konstantin über meine Anwältin eine Forderung nach der anderen reinzuwürgen.«

Konstantin verzieht schmerzvoll das Gesicht: »Bei mir war es nicht viel anders. Immer wenn mein Anwalt mir seine Bösartigkeiten, seine Scheinargumente und Fallen vorgetragen hatte, empfand ich Lust und Freude. Wenigstens so lange, bis ich seine nächste Rechnung zahlen musste.«

Wir alle lassen uns, wenn wir unsicher sind, schnell von jemandem verführen, der im Augenblick souverän auftritt. Das ist die Natur: Wenn der Rudelführer, der Leithirsch, der stärkste Bulle mit den Zähnen fletscht, dann ordnen sich alle anderen Tiere unter, kuschen. Der Mensch dagegen ist in der Lage, das als Imponiergehabe zu durchschauen und selbstbewusst zu reagieren – aber nur, wenn er entspannt im Körper und klar im Kopf ist. Ansonsten folgt man dem Stärkeren. Besonders dann, wenn man mit dem Stärkeren einen »Ich beschütze dich und kämpfe für dich«-Vertrag hat.

Kommuniziere auf zwei Ebenen: sowohl das Positive in der Beziehung als auch das Kritische im Konflikt – das ist eigentlich der größte »Trick« der Tit-for-Tat-Strategie. Und das gleichzeitige parallele Kommunizieren der (zumeist) positiven Beziehungsbotschaft und der kritischen Sachbotschaft innerhalb des Konfliktes ist sprachlich auch keine so großartige intellektuelle Leistung. Es ist eigentlich mehr eine neue »Gewohnheit«. Eine relativ leicht zu erlernende Verhaltensweise, die so gut wie jedes Mal, wenn man sie anwendet, bekräftigt und verstärkt.

In einem normalen Streit ist schnell der Zustand erreicht, dass man sich nur noch ärgert. Es regiert die Wut: man will nur noch dagegenhalten; man sieht nur das Kritische, Gemeine und Böse des anderen; man fühlt nur noch, was man als unrecht empfindet, was einem weh tut; alles, was der andere macht, denkt, tut, sagt oder auch nicht sagt, ist falsch. In die Wut mischt sich dann Stolz: es dem anderen endlich mal gesagt zu haben; es ihm mal richtig gegeben zu haben; auch mal zugeschlagen zu haben; ihn endlich kleingekriegt zu haben. Das alles ist menschlich verständlich. Wenn es um Konfliktlösung geht, ist dieses Verhalten aber eher eine Katastrophe – Eskalation pur.

Auch das andere Extrem kann zur Katastrophe führen, das rein kopfgesteuerte, gefühlsunterdrückende

Positivgesäusel, das gerne in Gesprächsführungstrainings alten Stils oder in einigen Ratgebern vermittelt wird. Da geht es um: sachlich bleiben, an das Positive anknüpfen, das Negative ignorieren, an das Gute im Menschen glauben, auf das Karma vertrauen. Das mag ja recht klug klingen, kann aber die Konfliktsituation total eskalieren lassen, weil solch ein Verhalten den anderen nur noch wütender macht, ihm das Gefühl gibt, gering geschätzt oder sogar verspottet zu werden.

Es gibt im Streit ein Wort, das wir unbedingt vermeiden sollten: »aber«.

Was bedeutet es, wenn zwei Aussagen mit einem »aber« verknüpft werden? Aussage 1 wird durch das »aber« mit Aussage 2 aufgehoben oder Aussage 1 trifft nur zu, wenn auch Aussage 2 zutrifft.

»Du hast ja recht, dass du nach Hause willst, aber wir haben hier noch viel zu tun« heißt nichts anderes als: »Du hast kein recht, nach Hause zu wollen, solange wir noch so viel zu tun haben.«

»Du bist zwar das Familienoberhaupt, aber wenn du wegen deiner Arbeit so selten zu Hause bist, hast du kein Recht, dich in die Kindererziehung einzumischen« heißt: »Weil du so selten zu Hause bist, akzeptieren wir dich nicht als Familienoberhaupt.« Nun ist es leicht zu erahnen, wie sich ein solcher Konflikt fortsetzt. Er eskaliert. Mit einem »aber« wird über den anderen entschieden. Der empfindet, dass er dominiert wird, was ja auch stimmt, und er hält dagegen. Und schon sind wir mittendrin im schönsten Streit.

Ein »aber« ist immer Krieg, Eskalation, Ablehnung, Geringschätzung, Verachtung, Nichtakzeptanz, Täuschung – alles ganz schlecht für eine Konfliktlösung.

Die sprachliche Lösung ist das Wort »und« in Verbindung mit Zustimmung. Mit einem »und« und einem freundlichen »ja« stehen beide Aussagen gleichberechtigt nebeneinander: » *Ja*, du bist das Familienoberhaupt, *und* weil du so selten wegen deiner Arbeit zu Hause bist, solltest du dich nicht in die Kindererziehung einmischen.« Das klingt doch schon viel besser und respektvoller. Auf dieser Basis lässt sich der Konflikt von Arbeit und Zeit und Kindererziehung zielorientiert weiterführen.

Eine »Ja-und«-Situation bedeutet, selber entscheiden zu dürfen und zu müssen, welche der beiden Aussagen die richtige ist, für welche der beiden Aussagen wir uns letztlich entscheiden können. Das nennt man einen »Freiraum«. Mit »ja-und« wird Akzeptanz und Wertschätzung kommuniziert.

Wertschätzung, Akzeptanz und Freiraum sind die Qualitätsmerkmale der Beziehungsgestaltung. Der Konflikt bleibt auf der Sachebene.

Problematisch werden diese Konflikte auf der persönlichen Ebene, wenn Gefühle mitspielen, die man nicht mag, für die man sich schämt. Darum wird man versuchen, sie zu unterdrücken, nicht zuzulassen.

Diesen Schutzschild bauen wir unterbewusst auf, darum durchschauen wir es auch nicht und suchen nach Entschuldigungen und Begründungen in unserem Erlebnis- und Erfahrungsumfeld. Gerne nutzen wir dafür Normen, die von anderen stammen. Hier eine kleine Auswahl der uns allen bekannten Begründungen, wenn wir selbst nicht bereit sind, unseren Gefühlen zu folgen:

- In unserer Familie gibt es so etwas nicht.
- Mein Vater sagte dazu immer,…
- Meine Mutter würde ausflippen.
- Ein Christ kann das nicht gutheißen. Ein Sozialdemokrat kann so nicht denken.
- Ein Unternehmer macht so etwas nicht mit.
- Rein ökologisch gesehen … usw. usw.

Halten wir fest:
- Der Konflikt besteht auf der Sachebene.
- Erlebt wird er auf der persönlichen Ebene.
- Wenn der Konflikt eskaliert, gerät er auf die Beziehungsebene.

Noch einmal zur Abgrenzung zu Tit-for-Tat der klassische Ablaufplan eines Konflikts, eines Streits.

Der Wiener Konfliktforscher Friedrich Glasl beschreibt neun Stufen, die sich in jedem Konflikt wiederfinden, egal ob es sich um einen privaten Konflikt oder einen Konflikt im Berufsleben handelt. Er beginnt mit der Verhärtung der Standpunkte und endet bei der totalen Vernichtung des Gegners, wobei der eigene Untergang in Kauf genommen wird.

Stufe 1: Verärgerung, Verstimmung Verhärtung

Man hat verschiedene Meinungen, Ansichten, Absichten. Das gehört zum Alltag und ist eigentlich normal. Man ärgert sich, sagt aber nichts. Wenn sich das wiederholt, wir der Ärger größer, es wird allerdings nicht über Gefühle gesprochen. Urplötzlich gibt es Schuldzuweisungen und die Standpunkte verhärten sich massiv.

Stufe 2: Debatte, Streit, Polemik

Man verwendet zunehmend Aufwand, überzeugende Argumente zu entwickeln, um den anderen von der eigenen Meinung oder Absicht zu überzeugen. Es wird immer mehr Druck aufgebaut. Herunterschlucken des Ärgers funktioniert nicht mehr. Böse Worte und harte Bilder werden häufiger. Es geht darum, schneller, lauter, origineller und härter zu sein als der andere. Den anderen zu beeindrucken und einzuschüchtern tut gut. Man will sich als Sieger fühlen.

Stufe 3: Taten statt Worte

Die Konfliktpartner erhöhen den Druck. Gespräche werden immer schneller abgebrochen. Da Reden nichts mehr bringt, müssen Taten her. Es werden Fakten geschaffen. Das Mitgefühl für den anderen geht verloren. Man arbeitet lustvoll und absichtlich gegeneinander. Es werden Fallen gestellt, Löcher gegraben, der andere soll Fehler machen und Anlässe zum Zurückschlagen liefern.

Stufe 4: Koalitionsbildung

Jeder nimmt vom Gegner nur noch wahr, was ins Feindbild passt. Die Ursachen des Konflikts treten in den Hintergrund, man will, dass der Gegner verliert. Man zieht Dritte, die mit der Sache nichts zu tun haben, mit ins Boot. Es werden offene und verdeckte Koalitionen gebildet. Da man ja eindeutig im Recht ist, darf und muss man den Gegner denunzieren. Fantasien über das endgültige Besiegen des Gegners werden lustvoll erzeugt und zelebriert.

Stufe 5: Öffentliche Demontage bis zum totalen Gesichtsverlust

Die Gegner demontieren sich öffentlich, der Tritt unter die Gürtellinie ist kein Tabu mehr. Man bedroht sich mit rechtlichen Schritten. Neutrale Außenstehende erleben das Ganze als absurd, seltsam und peinlich. Der Gegner soll in seiner Identität vernichtet werden. Gesichtsverlust bedeutet Verlust der moralischen Glaubwürdigkeit.

Stufe 6: Direkte Drohungen

Man stellt Ultimaten, droht mit Sanktionen. Je härter, gemeiner, kreativer und absurder, umso besser. Es wird Macht, Stärke und Unverwundbarkeit demonstriert. Juristen werden eingeschaltet. Der andere soll Angst bekommen, endlich aufgeben und sich unterwerfen.

Stufe 7: Begrenzter Schaden

Es geht darum, den anderen fertigzumachen. Es zählt nur noch, der Gegenseite den größeren Schaden zuzufügen. Ein begrenzter eigener Schaden wird schon als Gewinn angesehen, wenn der Schaden des Gegners größer war.

Stufe 8: Zerstörung

Der Gegner soll zerstört und vernichtet werden. Auch kriminelle Mittel sind jetzt erlaubt. Rechtliche moralische und ethische Grundsätze gibt es nicht mehr. Die Gedanken kreisen nur noch darum, ob es dem anderen irgendwie oder irgendwo noch gut geht und wie auch das zu verhindern ist.

Stufe 9: Gemeinsam in den Untergang

Für die Vernichtung des Gegners wird auch die eigene Vernichtung in Kauf genommen. Es gibt keinen Weg mehr zurück. Je öffentlicher und großartiger der gemeinsame Untergang stattfindet, umso besser.

Elisabeth und Konstantin sind erschüttert: »So, wie hier das Szenario beschrieben wird, scheint es sich um gesichertes Erfahrungswissen der Menschheit zu handeln. Das ist ja unsere Trennungsgeschichte in Reinkultur. Wenn wir das vorher gewusst hätten …«

Auch das hätte nichts genutzt! Dieses Wissen liegt natürlich schon lange vor, jeder kann es auf Wikipedia nachlesen, und trotzdem werden 85 Prozent aller Ehescheidungen nach diesem Muster zelebriert. Wissen alleine nutzt noch gar nichts. Man muss es auch anwenden wollen und können. Und dafür ist neben der Fähigkeit, die Gefühle in extremen Stresssituationen steuern zu können, die Anwendung der Regel 8 von Tit-for-Tat notwendig: Kommuniziere in offenen und verhärteten Konfliktsituationen auf zwei Ebenen gleichzeitig und verbinde diese Aussagen mit einem »und«.

Mit dem dynamischen Modell von Tit-for-Tat kann erreicht werden, dass dieser von Glasl beschriebene gesetzmäßige Ablauf jederzeit gestoppt und umkehrbar gemacht werden kann.

Die Tit-for-Tat-Regel 9

Achte auf die langfristige Ausgeglichenheit des Verhältnisses von Geben und Nehmen.

Damit das System von Tit-for-Tat wasserdicht und vollständig ist, ist diese Regel unumgänglich. Es geht um eine zeitlich langfristige Win-win-Beziehung. Es gibt Beziehungen oder Partnerschaften, die sich durch Einseitigkeit auszeichnen: Der eine ist immer der Gebende, der andere der Nehmende.

Ausgebildet werden wir als Nehmer. Als Sohn oder Tochter nehmen wir von unseren Eltern – und das ziemlich lange – emotional, finanziell und organisatorisch. Auch in der Ausbildung oder im Beruf, wenn wir einen neuen Job anfangen, nehmen wir. Das muss man ertragen können und wollen, annehmen und akzeptieren können.

Irgendwann geht es allerdings auch darum, zurückzugeben. Die Beziehung wieder symmetrisch zu gestalten. Zurückgeben kann bedeuten, seine Eltern im Alter finanziell zu unterstützen, sie im Alter zu pflegen. Es kann bedeuten, dass man für seine Firma Höchstleistungen erbringt, gute Verkaufs- und oder gute Führungsergebnisse abliefert. In den USA ist es üblich, dass Absolventen einer Uni, wenn sie später einmal wirtschaftlich erfolgreich sind, ein Universitätsprojekt fördern oder in einen Unterstützungsfonds für neue Studenten einzahlen.

Wichtig ist, dass wir immer ungefähr wissen, wie hoch unser Guthaben und unsere Verbindlichkeiten auf unseren Geben-nehmen-Konten sind. Das erhöht den Respekt füreinander und hilft, darüber nachzudenken, wie man etwas für den anderen tun kann, was man ihm noch schuldig ist und wann es an Zeit ist, etwas zurückzugeben oder auch wieder einmal etwas anzunehmen.

Viele Konflikte entstehen, weil wir nicht reflektieren, wie unser Kontostand aussieht. Wir sind uns oft nicht bewusst, wem wir noch etwas schulden und von wem wir gerne mal wieder etwas annehmen dürfen.

Wetten, dass viele von uns noch nie darüber nachgedacht haben, dass es solche Konten gibt, und sie deshalb natürlich auch nie überprüft haben? Wenn der andere das aber tut und feststellt, da besteht ein Ungleichgewicht, kann das zu Konflikten führen, die wir nicht verstehen. Im Interesse von Win-Win lohnt es sich, wenn man es schon selber aus den Augen verloren hat, nach den gefühlten und den realen Kontoständen zu fragen.

So bringt man auch leicht in Erfahrung, womit man das Geben-Konto wieder auffüllen kann. Oder ob jemand darauf wartet, mir endlich was Gutes zu tun.

Diese Regel 9 ist nicht der Anker von Tit-for-Tat, aber die Ankerleine.

Tit-for-Tat-Regel 10

Akzeptiere, wenn ein Partner nicht Tit-for-Tat-fähig ist, und beende die Beziehung angemessen.

Es gibt Menschen, die sind stur und bockig. Und manche sind auch noch stolz darauf. Unbelehrbar sind sie sowieso. Was hat sie so werden lassen? Am Anfang, als kleine Kinder oder Schüler haben sie ihre Dominanz getestet (das macht jedes Kind) und sie merkten, dass andere vor ihnen einknickten (Eltern, Lehrer). Ihre Tricks: Sie bestraften andere mit Liebesentzug, mit der Verweigerung von Nähe, sie produzierten Schuldgefühle bei den anderen und redeten nicht mehr mit ihnen. Und irgendwann machten sie das zu ihrem Gewohnheitsrecht. Das klingt zwar unfassbar, unfreundlich und peinlich, für sie aber ist es normal.

Andere wiederum können einfach keine Kritik vertragen. Sowie man ihren Wohlfühlbereich von Harmonie verlässt, geht es ihnen schlecht. Bei ihnen muss immer alles gut sein, Probleme darf es keine geben. Ihr Leben ist: Ich liebe dich, ich dich auch. Doch manchmal muss man diese Harmonie einfach verlassen, und dann fühlen sich diese Menschen nur schlecht, abgelehnt und verunsichert. In diesem Stadium würden sie alles tun, um den alten Zustand wiederherzustellen. Damit alles wieder gut wird, unterwerfen sie sich bedingungslos.

Für diese beiden Typen ist Tit-for-Tat nichts. Das ist

nicht ihre Liga. Die einen würden hier zugrunde gehen, weil ihr pubertäres Machtkampfgehabe sie zwingen würde, den eigenen Untergang zu suchen. Die anderen würden zugrunde gehen, weil sie die Spannungen eines Streits nicht aushalten könnten.

Wer nicht streiten kann, ist leider beziehungsuntauglich. Nicht beziehungsunfähig, denn streiten kann man lernen. Es setzt zwar Grundeinstellungen von Akzeptanz, Gleichberechtigung und ein positives Menschenbild voraus, aber das sollte man im Rahmen seiner Persönlichkeitsentwicklung sowieso irgendwann gelernt haben. Wer also in diesen Schulfächern des Lebens bisher geschwächelt oder geschwänzt hat, sollte jetzt Nachhilfeunterricht buchen. Egal ob man das Psychotherapie, Coaching oder Training nennt, hier werden Fähigkeiten und Verhaltensweisen gelehrt, die bis auf oben beschriebene Ausnahmen jeder erlernen kann.

Wir lernen: Es ist nicht jeder Tit-for-Tat-fähig. Tit-for-Tat ist nur etwas für Realisten.

Deshalb ist dieses Buch ein Lehrbuch zum Streiten für Erwachsene, mit dem Ziel, die Grundlage für den »Führerschein zum Streiten« zu sein. Auch Auto dürfen wir nur mit Führerschein fahren. Um einen Tauch- oder Flugschein zu machen, muss man spezielle Gesundheitschecks absolvieren. Wer Staatsbürger eines anderen Landes werden will, muss einen Einbürgerungstest machen. Bei der Firma MAN brauchen Führungskräfte mittlerweile einen Führer-Schein, um Führungspositionen besetzen zu dürfen.

Für die Ehe und das Streiten gibt es so etwas noch nicht. Politisch und sozial wäre das sicherlich auch übertrieben, aber als Unterrichtsstoff in der Schule wäre es schon sinnvoll, Konfliktlehre zu vermitteln.

Wie beendet man nun eine Beziehung mit einem nicht Tit-for-Tat-fähigen Menschen angemessen?

Offen, ehrlich und so schnell wie möglich.

Etwa so: Es tut mir sehr leid. Unsere Beziehung war und ist in folgenden Punkten … zwar gut, und da wir uns nicht konstruktiv streiten können, ist es für uns beide besser, wenn wir uns jetzt trennen. Das ist entschieden und nicht mehr verhandelbar. Aus. Ende.

Chancen hat man dem anderen mit Tit-for-Tat ständig und häufig gegeben. Also kann hier nicht von leichtfertigem Tun die Rede sein. Im Gegenteil, gerade eine solche offene, durchschaubare und nachvollziehbare Trennung ist eine würdevolle und faire Angelegenheit.

Eine faire Trennung verläuft ohne Schuldzuweisungen und Vorwürfe. Die Tatsachen und Fakten, die zur Trennung führen, werden genauso klar und eindeutig beim Namen genannt wie das, was in dieser Partnerschaft gut funktioniert hat.

Gefühle wahrnehmen – die Grundlagen des Streitens

Wie man lernt, alle seine Gefühle jederzeit steuern zu können

Die Tit-for-Tat-Strategie funktioniert nur dann, wenn man ihre zehn Regeln als Einheit versteht und als Ganzes anwendet. Es ist ja so, dass jeder von uns einige dieser Regeln bestimmt schon immer anwendet. Andere Regeln sind dagegen vielleicht völlig neu, und sie intellektuell zu verstehen, ist nicht schwierig. Und genau das kann sehr schnell die Illusion erzeugen, die Regeln und Tit-for-Tat zu verstehen reiche aus, um es anzuwenden.

Das ist leider überhaupt nicht so.

Um Tit-for-Tat anzuwenden, braucht es viel mehr:

- Man muss sich von außen betrachten können.
- Man muss sich auch und gerade unter Stress entspannen können.

- Man muss sich, wenn die Gefühle einen überfluten, runterregeln können.
- Man muss, wenn Tit-for-Tat es verlangt, Gefühle erzeugen, sie zulassen und sie bewusst dosiert leben können.

Das klingt nach einfach zu lebenden Verhaltensforderungen, wenn man sie beherrscht. Wenn man sie noch nicht gelernt hat, können sie unüberwindbare Hürden sein. Vorsicht! Wir sind gerne bereit, uns künstlich hoch zu qualifizieren, um die Merkmale einer reifen Persönlichkeit vorzuzeigen. Bei der Einschätzung, welche Verhaltensforderungen wir bedienen können, sollten wir sehr realistisch bleiben und auf den folgenden Seiten noch ein bisschen Nachhilfe nehmen. Fakt ist: Für den Streitführerschein, für das Sich-richtig-Streiten, brauchen wir diese Fähigkeiten, und deshalb sollten wir jetzt an der Qualifikation unserer Gefühle arbeiten.

Das Grundgefühl Nummer eins – die gesunden Uraggressionen

Wenn der Mensch auf die Welt kommt, wenn er den Mutterleib verlässt, ist er ein höchst verletzliches abhängiges Wesen. Er braucht Wärme, Ruhe, Liebe, Essen, Trinken, Schlaf, Sauberkeit. Die ersten zwei großen Gefühle, die ein Säugling erlebt, sind Lust und Unlust. Wenn der Säugling von einfühlsamen Eltern gut versorgt wird, erlebt er Sicherheit und Geborgenheit. Wenn er von Eltern, die erst lernen müssen, einen Säugling optimal zu versorgen und liebevoll zu pflegen, oder von gestressten und überforderten Eltern nicht optimal versorgt wird, empfindet der Säugling Unlust, egal ob es sich um Hunger, Durst, Kälte, Schmutz oder Schmerz handelt. Der Säugling wird sich bemerkbar machen – mit Weinen und Schreien und Bewegungsunruhe.

Aggredior ist lateinisch und heißt »heranschreiten, sich nähern«. Und hier beginnt eines der unglücklichsten Verwirrspiele und Missverständnisse. Aus *aggredior* wurde in der deutschen Sprache »Aggression«. Gemeint sind kerngesunde, konstruktive Uraggressionen, die so gut wie immer, wenn auch meist unbewusst, mit destruktiver Aggressivität und zerstörerischer Feindseligkeit gleichgesetzt und damit verwechselt werden.

Schon das Wort »Aggression« führt uns in die falsche Richtung. Was aber stimmt: 71 Prozent der Deutschen sind aggressiv gehemmt. Sie unterdrücken ihre gesunden Aggressionen schon in dem Moment wenn sie entstehen. Sie können nicht heranschreiten, sich nähern.

Warum das so ist?

Entweder weil sie selbst zu viele Aggressionen entwickelt haben und/oder zu intensive Aggressionen anderer über sich ergehen lassen mussten. Oder weil sie erlebt haben, dass ihre eigenen Aggressionen mit ihnen durchgegangen sind und sie andere verletzt haben, ohne es zu wollen. Oder weil ihre Eltern aggressiv gehemmt waren und ihnen diese Haltung als die richtige Gefühlsleitlinie vermittelt haben. Oder weil das Unterdrücken von Aggressionen ihnen ideologisch vermittelt wurde. Dazu führen gerne falsche Interpretationen der Bibel (dann halte auch noch die andere Backe hin) oder des gewaltlosen Kampfes von Gandhi (gewaltlos ist aggressionslos).

»Aggression« ist für die meisten von uns ein Reizwort. Es bewirkt, dass schon bei dem Wort fast jeder von uns sofort innerlich zumacht. Jeder hat seine persönlichen Erfahrungen mit der Wirkung von Aggressionen in seinem Leben gemacht. Das geht von persönlichen Erfahrungen als Opfer und als Täter über harmlose Ballerspiele auf dem Computer bis zu menschenverachtenden Killerspielen und Horrorfilmen aller Art.

Hinzu kommen sehr unterschiedliche Sichtweisen und ein sehr unterschiedliches Verständnis der verschiedenen selbst ernannten Fachleute und echten wissenschaftlichen Experten. Sie zeichnen sich durch sehr unterschiedliche Definitionen in der Theorie und sehr unterschiedliche Erklärungsansätze für Aggression aus. Wenn also schon die Fachleute für Verwirrung sorgen, wie soll man sich dann als Laie zurechtfinden?

Aggression ist ein lebensbejahendes und lebenserhaltendes Prinzip des menschlichen Wesens. Aggression ist etwas Kerngesundes und Gutes, mit der man aktiv die Welt erlebt, mit der man kraftvoll handelt und

Höchstleistungen erbringt. Die kerngesunden Uraggressionen lassen uns immer wieder Grenzen überschreiten und Leistungen schaffen, die andere, weniger aggressive Menschen sich nicht zutrauen oder niemals schaffen werden.

Aggressivität ist eine persönlichkeitsabhängige Neigung. Sie drückt sich in bestimmten Situationen mit impulsivem, den Gegner angreifendem Verhalten aus. Sie ist also eine erlernte Bereitschaft, sich zerstörerisch zu verhalten. Je mehr dieses Verhalten von der direkten Umwelt toleriert und damit bekräftigt wird, umso mehr wird es für den Aggressiven zu seinem Normalverhalten.

Feindseligkeit, Bösartigkeit und Grausamkeit ist ein unterbewusster Zustand, der mit dauerhafter Gereiztheit beginnt und mit offener Gewalt gegenüber anderen Menschen oder Gruppen endet. Dieses Verhalten wird vor sich selber begründet und auch für die schlimmsten Verbrechen ideologisch gerechtfertigt.

Wenn die von Geburt an in jedem Menschen angelegte gesunde Uraggression sich in der Sozialisation normal entwickelt, nennt man das normalerweise Kampfgeist, Power und Siegerenergie. Die gezielt eingesetzte und bewusst dosierte Aggression (mit der Fußballturniere und Boxkämpfe gewonnen werden) ist die, von der wir träumen und die wir uns wünschen, mit der wir alle Lebensprobleme leichter lösen könnten.

Wenn die Sozialisation, die Persönlichkeitsentwicklung nicht gelingt, wird daraus oft schwer steuerbare Aggressivität, in Extremfällen eben auch Feindseligkeit, Bösartigkeit oder Grausamkeit.

Konstantin: »Das ist für mich jetzt aber neu. Wenn zu mir jemand gesagt hat: ›Sei doch nicht so aggressiv‹, da habe ich mich sofort geschämt. Besonders wenn ich dann in mir noch diese Impulse gespürt habe, wütend zu werden, zuzuschlagen. Wenn das Adrenalin kam, dann bin erschrocken und habe mich sofort zusammengerissen. Heißt das, dass ich da was falsch gemacht habe?«

Nein und ja. Konstantin hat genau das gemacht, was alle machen: erschrecken, ablehnen, unterdrücken und vermeiden. Insofern entsprach es der Norm. Für seine Persönlichkeitsentwicklung hat er etwas falsch gemacht. Konstantin hat das wichtigste Grundgefühl unterdrückt, als es spürbar wurde. Wenn man aber nur ein Gefühl unterdrücken muss, muss man alle unterdrücken. Wer das tut, ist nicht gleich gestört oder psychisch krank, aber es ist eine Funktionsstörung mit Langzeitfolgen.

Aggredior heißt: aktiv werden, auf etwas zugehen – also angreifen, die Welt erobern. Diese urgesunde emotionale Power ist unsere Urkraft. Sie ist die Grundlage all unserer Neugier. Ohne Neugier würde es überhaupt keine Aktivität geben. Aggressionen haben auch eine Überlebensfunktion. Wenn wir um etwas kämpfen müssen, tun wir das einfach, weil unsere Aggression uns dazu veranlasst. Unsere Aggressionen sind der Motor, unsere Ziele zu erreichen, unsere Bedürfnisse zu befriedigen. Unsere Aggressionen zwingen uns zu essen, zu trinken. Unsere Aggressionen steuern unser Verlangen nach Wärme, Anerkennung, Akzeptanz, Wertschätzung, Liebe und Sex. Unsere Uraggressionen sind also das Gesündeste, Wertvollste und Beste was wir haben.

Unsere Uraggressionen treiben uns zu Höchstleistungen an:

- Eine Mutter kämpft mit mehreren Jugendlichen und schlägt sie in die Flucht, obwohl sie niemals in ihrem Leben Kampfsport gemacht hat.
- Ein Spaziergänger hebt ein Auto an, unter dem ein Mensch liegt. Das Auto wiegt 1,5 Tonnen, die er eigentlich gar nicht anheben könnte.
- Die Siegerin der dritten Staffel von *Germanys next Topmodel*, die 17-jährige Jennifer Hof, lief mit blutenden Füßen über den Laufsteg, obwohl sie fürchterliche Schmerzen ausschalten musste, aber sie hatte das Endziel klar vor Augen.
- Alleinerziehende Mütter und Väter erziehen oft ihre Kinder trotz großer materieller Not bewusst zu starken Persönlichkeiten.
- Natascha Kampusch überstand als junger Mensch 3.096 Tage Gefangenschaft in einem Keller, wo sie von ihrem Entführer brutal misshandelt wurde. Sie flüchtete und holte sich ihre Würde vor der Welt zurück.

Elisabeth: »Als wir beide uns entschieden haben, noch einmal neu anzufangen, aber diesmal richtig, war das doch auch eine kerngesunde Uraggression, oder? Das war kein Kampfadrenalin, das war eine wunderbare Mischung aus Ruhe, Klarheit, Kraft und Zuversicht.«

Genau, Ruhe, Klarheit, Kraft und Zuversicht sind kerngesunde Uraggressionen.

Wie erzieht man Kinder so, dass ihre Aggressionen sich auf natürliche Weise entwickeln und ausbilden?

Eltern sind bei der Entwicklung ihrer Kinder in drei Dimensionen gefordert: als positive Vorbilder, als Beschützer und um Grenzen zu setzen.

Eltern als positive Vorbilder: Sie gehen offen, erwachsen und kultiviert mit Aggressionen um. Sie leben es vor und fordern, Aggressionen einzusetzen, wenn es notwendig ist: »Da musst du dich wehren.« Sie werden auch mal wütend, machen vor, wie man sich entschuldigt, wie man es das nächste Mal besser macht. Sie reflektieren im Familienkreis: Was war angemessen, was war zu viel und was war zu wenig? Sie leben Tit-for-Tat und beweisen so jederzeit, dass man sich aufregen darf und muss, dass man auch mal kämpferisch auf den Tisch hauen, seinen Ärger und seine Wut zeigen darf, sich dann aber auch wieder einkriegen muss und sich jederzeit steuern und entschuldigen kann. So bekommt ein Kind mit: Gefühle sind okay, Ärger und Wut sind okay, sie gehören dazu, man muss sich nicht dafür schämen oder sie unterdrücken.

Eltern als Beschützer werden ihre Kinder Situationen, die sie überfordern, nicht alleine lassen. Wenn die anderen Kinder einem im Kindergarten den Luftballon weggenommen haben, wenn andere in der Schule mich verprügelt haben, wenn ich mich selber schwach, hilflos und ausgeliefert fühle, dann sind gute und starke, verständnisvolle, liebe und beschützende Eltern gefragt. Dann kann und darf ich mich schwach und ängstlich fühlen. Kein Mensch ist immer stark und immer Gewinner. Verlieren, Angst und Schmerzen gehören zum Leben dazu.

Die erste blutende, schmerzende Wunde, meistens am Knie, ist eine Katastrophe. Blut, oh weh, was ist das? »Es ist etwas ganz Normales, gut, dass du das kennenlernst. Blut ist ...«, und dann kommt eine kindgerechte Erklärung plus eine beruhigende Erklärung, wie schnell das heilen wird. Oder die erste schmerzende Spritze, da braucht das Kind Schutz, Nähe und liebe Worte. Kinder bekommen auf diese Weise Verständnis, Anleitung und Unterstützung, die erste erlebte »Gewalt« von Situationen und Personen zu bewältigen. Dass andere mitfühlen, trösten, einfach nur da sind, wenn man sie braucht, ist am Anfang des Lebens ungeheuer wichtig. So lernt man in diesem frühen Alter schon, mit Gefühlen umzugehen – ganz nebenbei und einfach so. Angst, Schmerz und Wut sind die ersten elementaren Gefühle. Das Kind lernt über die Eltern, diese Gefühle auszuhalten, zu bewältigen und sie zu steuern.

Eltern müssen Grenzen setzen. Nichts ist wichtiger für Kinder, als zu wissen, was okay ist und was nicht, was klappt und was schiefgeht, wie man sich wo wie verhält, was tabu oder verboten ist, was gefährlich und was lebensgefährlich ist. Natürlich versuchen Kinder, diese Grenzen jeden Tag neu auszuloten – das ist so bei gesunden, lebendigen Kindern. Grenzen geben Kindern Sicherheit. Wenn man Kindern keine Grenzen setzt, müssen sie letztlich ständig mit großen Unsicherheiten leben und sind dadurch auf sich selber angewiesen. Sie sind häufig in der Gefahr alleine, und so wird aus einer Überforderung schnell ein Trauma.

Kinder müssen Grenzen zunächst deutlich spüren und später auch verstehen. Das freundliche Kopfschütteln, ein deutliches Nein, der erhobene Zeigefinger, das laute Wort, das Anschreien und das Festhalten am Arm sind okay. Die Reaktion der Eltern muss angemessen sein und dem Kind die Bedeutung dieser Grenze verdeutlichen. Je mehr das Kind mitdenkt, versteht und gelernt hat, umso mehr sind Argumente, Allegorien und Erklärungen sinnvoll.

Wie wir streiten lernen können

Wenn wir streiten, sollten wir friedvolle Streiter sein.
Ein friedvoller Streiter nutzt seine gesunden Aggressionen, kämpft immer …

- für seine, meine, deine, unsere Bedürfnisse;
- für seine, meine, deine, unsere Werte;
- für seine, meine deine, unsere Ziele.

Ein friedvoller Streiter kämpft immer für etwas und nie gegen etwas. Und dazu muss man wissen, was man wirklich will …
Der, der gegen etwas kämpft, will behindern, verhindern, zerstören. Wer gegen etwas kämpft, erzeugt Schmerz, Tod und Untergang, siehe die Phasen 6 bis 9 der Streiteskalation nach Friedrich Glasl.

Die sechs Grundhaltungen eines friedvollen Streiters

Weil der Begriff des Kriegers missverständlich ist und negative Assoziationen hervorruft, benutzen wir hier den Begriff des Streiters, der zunächst ein wenig ungewöhnlich erscheint. Der Begriff »Krieger« enthält das Wort »Krieg«, was nach zwei Weltkriegen, ständigen lokalen Kriegen und dem Heiligen Krieg der Islamisten in unserem Zusammenhang in die Irre führen würde.

Das Wissen um den Streiter ist so alt wie die Menschheit. Mythen und Sagen in der Märchenwelt, Religion, Literatur und moderne Roman- und Filmgeschichten haben sich um ihn gewoben. Der Streiter befindet sich innerhalb und außerhalb von uns. Er tritt unterschiedlich in Erscheinung, als innerer, als äußerer Streiter, als heiliger Schatten, als Gladiator, Indianer, Westernheld, Samurai, Kampfmönch, als Fantasiegestalt. Der Begriff des Streiters ist ein Archetypus, ein grundlegendes inneres, zumeist unbewusstes Urbild menschlichen Seins. Dieses Bild verkörpert das Prinzip »Kämpfen und Siegen«. Es repräsentiert diejenigen Kräfte in uns, die keine Angst haben vor dieser Welt, die Aufgaben bis zum Ende durchführen. Der Streiter ist im Betriebssystem von jedem von uns angelegt.

Die sechs Grundhaltungen eines Streiters, die wir alle in uns tragen, sind:

1. **Lieben:** Es entspricht unseren persönlichen Werten und Zielen, wird von uns bejaht und angestrebt.
2. **Akzeptieren:** Man könnte auch sagen: Okay. Es ist halt so. Basta.
3. **Tolerieren:** Das entspricht zwar nicht meinen persönlichen Werten oder Zielen, aber ich habe kein Problem, wenn andere so empfinden und denken.
4. **In Kauf nehmen:** Es passt mir zwar nicht, doch Aufwand und Risiko sind zu hoch und es lohnt sich nicht, etwas dagegen zu unternehmen.
5. **Aushalten:** Es ist nicht änderbar, es muss ausgehal-

ten werden, damit muss man leben, ob man will oder nicht (zum Beispiel Natur, Wetter, Tod).

6. **Verändern:** Hier will man entsprechend den eigenen Werten und Zielen einen Zustand verändern. Man erzeugt etwas Neues, bringt etwas Altes zum Verschwinden.

Oft wird das Verändern im Sinne von Kämpfen und Gewinnen als die bestimmende Haltung eines Streiters missverstanden. Das ist völlig falsch und unsinnig. Ein Streiter weiß um seine Werte, seine Bedürfnisse und seine Ziele. Erst dieses Wissen lohnt, zu kämpfen. Also, die Liebe ist der Ursprung meiner Werte und Ziele, ohne sie kann ich kein Streiter werden. Lieben. Ich muss aber auch akzeptieren, tolerieren, in Kauf nehmen, aushalten und verändern wollen, um ein Streiter zu sein – und das genau in dieser Reihenfolge.

Die klassischen asiatischen Kampfausbildungen liefern uns die Vorlage. In der Shaolin-Ausbildung zum Beispiel lernt man sehr lange Zeit Geduld, bewusste Atmung, das Dranbleiben, Entspannen, Gefühle zu erkennen, Gefühle zu benennen und auszuhalten, zu unterscheiden von Gedanken, Gefühlen, Erinnerungen, Träumen, Zielen, Empfindungen, Schmerzen, Wohlbefinden, Werten und Haltungen. Und das alles, bevor der erste Kampfstil gelehrt wird. Auch danach heißen die Übungsstunden »Kämpfen und verlieren« und »Kämpfen und gewinnen«. Im Stockkampf, im Schwertkampf, in allen Kampfsportarten wird zuallererst Gefühlskontrolle, Energieaufbau und Energieabbau gelehrt. Das unendliche Wiederholen von Übungen, Bewegungen, Abwehr- und Zuschlagtechniken kommt erst anschließend.

Zu allen Zeiten der Menschheit gab es in allen Kulturen Streiter. Und immer ging es darum, die Streiter auf das Kämpfen für etwas vorzubereiten. Und dieses »kämpfen für« mit Gedanken und Gefühlen zu steuern. Beim Streiten geht es nämlich immer auch darum, wie der andere mit Aggressionen umgeht, wie geübt er darin ist und wie die richtigen Gegenmaßnahmen aussehen. Doch was machen wir, wenn der andere im Streitgespräch plötzlich emotional und aggressiv wird?

Die drei Level von Aggressionen im Streitgespräch – und der konstruktive Umgang mit Aggressivität und Feindseligkeit

Es gibt drei Aggressionstypen:

Typ A – Er benutzt Ärger und Wut (vorgetäuscht), um andere einzuschüchtern.

Typ B – Er ist wirklich wütend und will/muss das rauslassen, weil er es sonst nicht mehr aushält (Schädigungen anderer sind ihm egal).

Typ C - Rastet total aus, ist extrem erregt, kann sein Verhalten nicht mehr steuern, auch das Verletzen und Zerstören anderer beruhigt ihn nicht mehr.

Beispiele für Typ A:
- Das Kind will an der Supermarktkasse noch eine Süßigkeit. Der Vater sagt Nein. Das Kind schreit, tobt, spuckt, wirft sich auf den Boden und strampelt. Übrigens: Wenn es seine Süßigkeit bekommt, war das ein Fehler. Das Kind wird diese vorgetäuschten Aggressionen immer wieder einsetzen, bis sie sich verselbstständigt haben und zu seinem Ich werden.
- Der Mitarbeiter fragt seinen Chef, ob man mal über mehr Gehalt reden könnte. Der Chef schreit sofort los.

Beispiele für Typ B:
- Der Torwart erlebt, wie der Sturm seiner Mannschaft vorne ein Tor verschenkt. Er schreit seinen Libero an, der dafür nun nicht wirklich etwas kann.
- In einer Bilanzkonferenz sind die Zahlen nicht so, wie sie der neue Vorstandsvorsitzende erwartet. Er steht auf, schmeißt ein Glas auf den Boden, tritt gegen die Wand und droht mit Entlassungen.

Beispiele für Typ C:
- Ein Rentner weist zwei Jugendliche im U-Bahnhof auf das Rauchverbot hin, diese rasten aus und schlagen ihn krankenhausreif.
- Einem Lastwagenfahrer wird von einem Kollegen die Vorfahrt genommen. Er rächt sich, indem er über 1000 Mal auf die Lastwagen von vorbeifahrenden Kollegen mit einer großkalibrigen Pistole schießt.

Egal in welcher Situation, es ist immer wichtig, zuerst eine Motivationsanalyse zu machen: Täuscht der andere Wut vor, um mich einzuschüchtern, hat er die Steuerung teilweise oder ganz verloren und nimmt er Kollateralschäden in Kauf oder ist ihm alles egal, weil die Wut ihn so überflutet, dass er sich nicht mehr steuern kann?

Unsere Gegenstrategien:

- Typ A braucht Grenzen, Respekt und annehmbare Konfrontation.
- Typ B braucht Respekt, Verständnis, Pausen und Dialoge, die Selbsterkenntnis und Eigenverantwortung fördern.
- Typ C braucht Schutz und Gegenwehr.

Beispiele für Gegenstrategien zu Typ A:
Beispiel 1
Ausgangssituation: Mein Kind versucht durch Schreien und Toben an der Supermarktkasse seine Süßigkeit zu erpressen.

Motivationsanalyse: Es hofft darauf, dass ich aus Peinlichkeit vor den anderen Kunden einknicke.

Grenzen: Tonfall laut, kraftvoll und scharf: Es reicht. Ruhe! So nicht.

Respekt: Zeigefinger nach oben: Du darfst wütend sein, aber ohne Ton!

Annehmbare Konfrontation: Wer sich so danebenbenimmt, bekommt erst recht nichts.

Diesen Klassiker kennen alle Eltern, Restaurantbesucher, Bus-, Bahn- und Flugzeugreisende. Kinder wissen genau, mit welchem Tonfall, Geschrei und Quengeln sie ihre Eltern weich kochen können. Wenn man sich das gefallen lässt, hat man es stillschweigend akzeptiert und sanktioniert. Dann sind die Normen gesetzt. Die zu widerrufen, kann viel Arbeit bedeuten.

Beispiel 2
Ausgangssituation: Der Mitarbeiter fragt nach einer Gehaltserhöhung.

Motivationsanalyse: Der Chef ist nicht vorbereitet und versucht den Mitarbeiter einzuschüchtern, am liebsten so, dass er nie wieder fragt.

Grenzen: Das ist keine gute Atmosphäre. Anschreien geht gar nicht.

Respekt: Okay, falscher Zeitpunkt. Ich melde mich wieder.

Annehmbare Konfrontation: Auch noch so ein schwieriges Thema rechtfertigt nicht so einen Wutanfall:»Oh, da habe ich Sie offensichtlich zur falschen Zeit und auf die falsche Art angesprochen. Tut mir leid. Lassen Sie uns das Thema zu einem für uns beide passenden Termin noch einmal besprechen.«

Ganz wichtig ist in diesem Beispiel der Win-win-Aspekt. Wenn ich von meinem Chef mehr Geld haben will, muss ich es vorher für die Firma verdienen. Denn es geht nicht um Geschenke, sondern um Gewinnverteilung. Also muss ich nachweisen, wo meine Leistungen ihm einen höheren Nutzen eingebracht haben.

Beispiel für Gegenstrategien zu Typ B:
Beispiel
Ausgangssituation: Die Zahlen sind nicht so, wie es der neue Vorstand erwartet. Er steht auf, schmeißt ein Glas auf den Boden, tritt gegen die Wand und droht mit Entlassungen.

Motivationsanalyse: Der neue Vorstand macht als neuer Besen den Dominanztest. Er will einschüchtern. Das alles würde auch zu Typ A passen. Da er aber gegen die Wand tritt und ein Glas auf den Boden wirft, zeigt er, dass er sich nicht mehr steuern kann und dass er auch bereit sein könnte, mit Gegenständen auf Kollegen zu werfen.

Respekt: Abducken, Arme vors Gesicht halten, die Drohungen ignorieren.

Verständnis: Nicken, Zahlen bestätigen, ihn direkt anschauen, wörtlich mitschreiben.

Pause: Warten, bis der Wutanfall vorbei ist. Anzeigen, dass man etwas sagen möchte, und warten, bis die Erlaubnis kommt.

Dialoge einleiten, um die Selbsterkenntnis und Verantwortung des anderen zu fördern –»Sie sind sehr wütend, darf man Sie wieder ansprechen? Wir sind auch sehr enttäuscht und genauso sauer.«

Beispiel für Gegenstrategien zu Typ C:
Beispiel
Mit diesen Typen gibt es eigentlich keine Tit-for-Tat-Situationen mehr. Hier kann man nur Regel 10 anwenden: Die Beziehung angemessen abbrechen. Unabhängig davon gilt bei diesem Typus, unbedingt auf die eigene Sicherheit zu achten. Wenn wir eingreifen, muss die Gegenwehr abgesichert und wirksam sein.

Wie man auf Knopfdruck stark und kontrolliert wütend wird

Das ist in der Tat für einen ungeschulten Menschen eine völlig neue Anforderung. Aber was für Boxer, Kampfsportler, GSG-9-Kämpfer, Fußballer, Formel-1-Fahrer und andere Hochleistungssportler völlig normaler Alltag ist, ist natürlich auch für jeden von uns möglich:
Ich entwickle auf den Punkt eine Aggression, die mich unschlagbar macht.

Für einen Streit könnte unser Szenario so aussehen:

- Jetzt wird es ernst und das sage ich mir auch:»Jetzt wird's ernst. Auf geht's. Der will Ärger. Es reicht. So nicht. Nicht mit mir. Okay, jetzt gibt es Ärger.«
- Ich schalte um auf Tunnelblick. Alles andere ist unwichtig.

- Ich baue Körperspannung auf und atme mehrfach tief ein – am besten durch die Nase, bis die Nasenflügel beben. Dabei in die Muskeln reinspüren und sie anspannen – erst den Oberkörper, dann die Arme, dann den Hals.
- Auf Kampf und Sieg umschalten: mich an den letzten oder meinen größten Sieg erinnern. Ich mache mir ein Bild von den Gefühlen damals und kommentiere sie:»Das hat schon mal einer probiert. Vergiss es. Ich bin leider gerade wieder in Bestform. Dir werde ich's zeigen.«
- Alles, was mich motiviert, ansprechen. Ich mache mir bewusst, was der andere mir gerade angetan hat oder antun will. Ich spreche mit mir selbst:»Nie wieder. Das tat weh. Das macht niemand mit mir. Und du schon gar nicht. Power, Sieg, hau ab. Das darf niemand. Ich bin der Beste.«

Flüche und laute Kampfschreie sind, seitdem es Schlachten gibt, erprobt und üblich: Hier und jetzt geht es um Rom, für den König, gegen den Kaiser! Nieder mit den Barbaren! Sich aus diesen Vorbildern einen eigenen Kampf-Lust-Schrei zu basteln, kann nur hilfreich sein. Die Römer können ja nicht nur gesponnen haben. Genauso gut ist es, sich sein Ziel immer wieder bewusst zu machen: Ich will …, ich gewinne …

- Manchmal ist ein Schlachtplan, ein Gesprächsführungsplan oder ein Aktionsplan mit vielen Unterpunkten notwendig. Den lernt man auswendig und kommentiert immer, was gerade dran ist: gut; geschafft; jetzt ausatmen; auf Gelassensein umschalten; zeig ihm, wie cool ich bin; Haha; aufpassen; weiter so; es läuft; sehr gut; stark wie immer.

• Und wenn die Power aus irgendeinem Grund nachlassen sollte oder man ein paar Schläge einstecken musste, sodass man torkelt oder schwächelt, sollte man seinen Superaggressionsturbo einschalten. Der ist versteckt hinter unserer größten Niederlage oder unseren höchsten und heiligsten Werten: »Für die Liebe und meine Familie«, »Für unsere Sicherheit«, »Für meine Kinder«, »Für Freiheit und Selbstbestimmung«.

So etwas kann man üben, so etwas sollte man üben und so etwas sollte man nutzen. Wer streiten will, muss fühlen können, denken wollen und sich steuern können. Es geht darum, Gefühle wahrzunehmen, sie zuzulassen – auch wenn sie zu intensiv werden, sie zu beherrschen. Es geht darum, alle zehn Regeln von Tit-for-Tat bewusst einzusetzen. Wenn sich zwei streiten, erreichen immer beide ihre Ziele. Auch und gerade weil sie wissen, dass jeder für sich kämpfen muss. Es geht darum, die gesunden Aggressionen zu nutzen, sich vor destruktiver Aggressivität und Feindseligkeit zu schützen. Es geht letztlich darum, seine Ziele zu erreichen.

Wer sich gerne und gut streitet, lässt keine Gelegenheit aus, sich im Streiten zu üben – genauso wie es ein Händler aus dem Orient es als Beleidigung empfindet, wenn man nicht mit ihm handelt.

Konflikte und Rollenmuster –
1000 Gründe für Streit

Die Standardkonflikte und Lieblingsstreitthemen der Deutschen und der Menschheit

Die meisten Streits im Alltag entstehen als Nebenwirkungen von Alltagskonflikten.

- Als Pubertierender findet man alles uncool, was die Spießer von Erwachsenen einem vorleben, und lässt keine Chance zum Provozieren von Autoritäten aus.
- Ich bin unzufrieden mit mir und kritisiere meine Frau, meinen Chef, die Politiker, die Nachbarn.
- Ich lebe in ständiger Zeitnot, werde immer perfektionistischer, weil ich keine Fehler machen will und nicht von anderen angemeckert werden will, bin allerdings leicht reizbar.
- Ich bin Workaholic, vermeide es, mich zu entspannen, und laufe Marathon, um meine Willensstärke zu verbessern.
- Weil ich nicht noch mehr Stress (mit mir selber) ha-

ben will, vermeide ich bewusst zu analysieren, was in mir vorgeht, denn ich will mir ja nicht noch mehr wehtun.

• Wenn ich beim Zeitunglesen oder im Fernsehen auf meine Lieblingsfeinde stoße (Gewerkschaften, Parteibonzen, Steuergeldverschwender), rege ich mich sofort auf und lasse Dampf ab, was das Zeug hält.

Das alles sind ganz normale Konflikte. Sie erzeugen Spannungen, Wut, Ärger, Frust, Unzufriedenheit und schlechte Stimmung, verunsichern uns und andere. Wenn man das nicht genau erkennt, wird aus der Gereiztheit schnell ein blöder Kommentar und ein anderer nimmt die Bemerkung als Anlass zum Streit. Ich wusste zwar nicht genau, worum es ging, gab aber erst mal einen Kommentar zu einem Thema, von dem ich wusste, dass es für den anderen ein Reizthema ist.

Eigentlich müsste ich jetzt analysieren, was für ein Konflikt das gerade war. Ein Konflikt mit mir selber oder ein Konflikt mit anderen? War es ein Bedürfnis-Werte-Konflikt, war es ein Ziel-Ziel-Konflikt, war es ein Ziel-Bedürfnis-Konflikt oder ein Rollenkonflikt? Egal, am Ende bleiben es ganz normale Konflikte. Wenn man sie aber nicht durchschaut, ist man aggressiv gereizt, schaltet um auf »Ready to rumble«, findet die Ursachen an der falschen Stelle und führt Stellvertreterkriege. Deshalb sollte man immer wissen, was da gerade für ein Konflikt läuft.

Spontane Streitereien aus aggressiver Gereiztheit

entstehen, weil Bedürfnisse nicht erfüllt wurden, weil Werte nicht gelebt wurden, weil Ziele nicht erreicht wurden, Stress und Zeitnot bestehen und weil Rollen nicht klar verteilt sind.

Streitgrund 1: nicht erfüllte Bedürfnisse

Wenn ich als Ex-Thüringer mit meiner Frau nach Berlin fahre, giere ich, je näher wir dem Ort Triptis kommen, nach einer Thüringer Rostbratwurst. Meine Frau will nicht anhalten, bemerkt, dazu hätten wir keine Zeit, außerdem sei ich sowieso zu dick. Ich werde sauer, kritisiere ihren Fahrstil und ein Streit ist aus meinem nicht erfüllten Bedürfnis entstanden.

Er will Sex, sie nicht. Nach drei Wochen Enthaltsamkeit hat er ständig was zu kritisieren (das Essen, den Erziehungsstil, die Ähnlichkeiten mit ihrer Mutter). Sie ist schon stocksauer, wenn er nur zur Tür reinkommt. Erklärung überflüssig.

Streitgrund 2: Nicht gelebte Werte

Eine Mutter will Freiheit, Selbstständigkeit und Verantwortung leben, arbeitet 12 bis 14 Stunden täglich, bezahlt die Nanny und die Kitakosten, lässt den vierjährigen Sohn allein entscheiden, was er essen will. Der entwickelt das typische Suppenkasper-Essverhalten, die Mutter ist erschöpft und macht sich Vorwürfe, offensichtlich doch nicht gut genug zu sein.

Ehrlichkeit und Zuverlässigkeit sind das Credo des unabhängigen Versicherungsmaklers, der Kunde macht seinen Storno-Anspruch geltend, und zum wiederholten Male setzt die Versicherung die Zahlungen aus.

Streitgrund 3: Nicht erreichte Ziele und Ziel-Ziel-Konflikte

Dein Auto muss mal wieder in die Werkstatt. Die Reparaturkosten fressen dein Erspartes auf. Der geplante Kurzurlaub mit deiner Frau in Barcelona muss ausfallen.

Den Auftrag, den du so dringend gebraucht hättest, hat ein anderer bekommen.

Du willst abnehmen, quälst dich beim Joggen, verzichtest auf Restaurantbesuche und siehst auf der Waage, dass du doch schon wieder zugenommen hast.

Streitgrund 4: Zeitnot und Stress

Stress ist eine plötzlich eintretende Mehrfachanforderung mit Überforderungscharakter. Es entstehen ein Adrenalinschub und Gereiztheit. Die Gründe: Du suchst etwas und findest es nicht; das Konto ist schon wieder überzogen und morgen wird die Miete abgebucht; der Brief muss raus und dein Rechner ist abgestürzt; die Schranken gehen zu, und es ist weit und breit kein Zug zu sehen.

Streitgrund 5: Rollenkonflikte

Wir alle leben in x verschiedenen Sozialrollen. Ich zum Beispiel bin gleichzeitig Vater, Ehemann, Liebhaber,

Unternehmer, Psychotherapeut, Mentalcoach, Trainer, Buchautor, Steuerzahler, Sohn, Freund, Kollege, Hausbesitzer, Vermieter, Nachbar, Urlauber, Kunde und wahrscheinlich noch vieles mehr. Soziale Rollen sind oft mit bestimmten Normen verknüpft, die wir einzuhalten haben und die spezifisches Verhalten einfordern, auf das wir mit nur wenig Einfluss Rücksicht nehmen müssen.

Wenn man Rollenkonflikte nicht durchschaut, sondern nur automatisiert von einer Aktivität in die nächste fällt, ist man oft unerklärlich unzufrieden und gereizt. Dann regt man sich schnell über Lappalien auf, und wenn ein anderer irgendetwas nicht so macht, wie wir es erwartet haben, fahren wir aus der Haut und suchen Streit.

Viele solcher Rollenkonflikte erzeugen wir selber:

- Ich bin im Urlaub, suche Abstand von Arbeit und Alltag und frage doch stündlich meine E-Mails ab.
- Ich will heute endlich den Keller aufräumen, schaue stattdessen Frühstücksfernsehen, gehe einkaufen und bleibe in meinem Lieblingscafé bei einer Latte macchiato und anschließend Campari Soda hängen.
- Privat kann ich mich anders kleiden als in meiner Rolle als Geschäftsführer.
- Ich komme nach Hause zu Frau und Kindern, alle freuen sich auf die gemeinsamen Stunden, aber ich bin in Gedanken die ganze Zeit noch immer bei der

Arbeit. Damit bin ich für meine Frau kein guter Liebhaber, sondern nur ein nervender Egoist.

Rollenkonflikte sind, weil man sie nur schwer durchschaut, immer diffus. Deshalb sollte man sich immer den Luxus der Rollenklärung gönnen: In welcher Rolle bin ich gerade, was verlangt diese Rolle von mir und was darf ich in dieser Rolle nicht? Dadurch wird klar, welche Bedürfnisse und Werte ich in dieser Rolle leben kann und welche nicht. Danach kann ich bewusst auswählen, welche Bedürfnisse ich in welcher sozialen Rolle befriedigen kann und welche nicht.

Rollenkonflikte mit anderen werden dann problematisch, wenn die Rollenerwartungen nicht offen ausgesprochen werden und sich dadurch blinde und immer wiederkehrende aggressive Verhaltensmuster einschleifen. Irgendwann verselbstständigen die sich dann, und wir reagieren immer empfindlicher darauf und schlagen möglichst schon mal prophylaktisch zurück.

Beispiele aus meiner Praxis für Rollenkonflikt-Muster:

• Er hält seine Frau für jemanden, der Entscheidungen prinzipiell alleine trifft, diese oft willkürlich ändert, nur um ihm zu zeigen, dass er in der Familie nichts zu sagen hat. Deshalb rastet er jedes Mal aus, wenn sie auch nur einen Vorschlag macht.

• Eine Frau hält ihren Mann für einen unordentlichen,

verantwortungslosen Egoisten, der das Geld nicht für die Familie verdient, sondern es stattdessen für Alkohol und Zigaretten ausgibt. Sie schimpft ständig mit ihm, ohne aber das Geld-Thema anzusprechen und ihm zu erklären, warum sie diese Aggressionen auslebt.

Elisabeth und Konstantin: »*Kennen wir alles. Das haben wir früher mit Harmonie und Verdrängung unter den Tisch gekehrt. Jetzt gehört es bei uns zur Alltagskommunikation.*«

Wie löst man Rollenkonflikte mit anderen Menschen? Alle Spannungen wahrnehmen und nachfragen, welche Erwartungen der andere hat. Da die eigenen Erwartungen ja auch gerne enttäuscht werden, müssen die sofort beim Namen genannt werden – präzise und neutral. Der effektivste Weg ist, alle Rollenerwartungen und alle Rollenkonflikte aufzuschreiben, gemeinsam nach Lösungen zu suchen und diese in Vereinbarungen umzuwandeln. Tit-for-Tat rückwärts: Erst nachfragen, dann klären und anschließend Vereinbarungen treffen.

Es gibt natürlich auch Rollenkonflikte mit sich selbst, und dafür brauchen wir eine völlig andere Lösungsstrategie. Für sie gibt es einen sehr einfachen und bewährten Entscheidungsalgorithmus: Frage dich: Was ist mir *jetzt* wichtiger?, und fälle die Entscheidung *sofort*.

Hier ein Beispiel für einen persönlichen Werte-Ziel-Konflikt.

• Ein Geschäftsmann aus dem Rotlichtmilieu fragt: Was soll ich tun? Ich habe ein sehr unmoralisches Business, verdiene aber damit sehr viel Geld. Rückfrage: Was ist dir im Moment wichtiger, viel Geld zu verdienen oder ein moralisches Business zu haben? Deutliche Antwort: Viel Geld zu verdienen. Kommentar: Dann verdiene jetzt mit deinem unmoralischen Business viel Geld und leiste dir dann ein moralisches Business. Dauer der Entscheidungsfindung: unter drei Minuten.

Die Kunst, anderen recht zu geben und sich dabei wohlzufühlen

Es ist erstaunlich wie viel Streit zwischen Menschen aus Rechthaberei und Provokation entsteht. Und auch dafür gibt es Lösungsstrategien.

Warum müssen wir eigentlich immer gleich reagieren, wenn jemand das Bedürfnis hat, recht zu haben? Das geht allen Menschen auf der ganzen Welt so: Wenn jemand etwas behauptet, erwartet er, dass er damit recht bekommt. Dann fallen Sätze wie:

• Handystrahlen können Krebs auslösen.

• Diejenigen, die den Bau von Mauern an Flüssen mit Bürgerentscheiden verhindert haben, sind jetzt schuld, dass wir schon wieder überflutet wurden.

- Wer sich beim Oktoberfest sinnlos besäuft, ist nur primitiv.
- Das *Dschungelcamp* ist der Untergang der Fernsehkultur.

Das alles sind subjektive Meinungen, die darf man haben, die darf man sagen und man darf sich auch danach erkundigen, was die anderen dazu meinen. Es ist auch verständlich, dass man sich darüber freut, wenn andere der gleichen Meinung sind. Und es ist auch okay, dass jeder seine eigene Meinung hat.

Wenn jetzt diese Statements aber mit einem lauten Tonfall, mit kraftvoller und aggressiver Gereiztheit, einem dominanten Blick und einer Spur latenter Angst vorgetragen werden, so ist die eigentliche Botschaft nicht die Sachaussage, sondern eine Aussage auf der Beziehungsebene: Ich will, dass du mir recht gibst, sonst bin ich beleidigt. Das heißt: einen latenten Streit anfangen. Wenn ich mir jetzt erlaube, eine andere Meinung auf der Sachebene auch nur anzudeuten, ist der Streit da.

Eine andere Variante ist, eine Behauptung in den Raum zu werfen und dabei noch genüsslich zu grinsen, einen entspannten Tonfall aufzulegen und den anderen interessiert in die Augen zu schauen – das ist die perfekte Provokation. Denn auf Beziehungsebene lautet meine Botschaft: Ahnung hast du eh keine. Die habe ich. Du verdienst einfach, dass man dich kränkt und nicht für voll nimmt.

Das eigentliche Problem in beiden Fällen ist, dass die Partner ihre Bedürfnisse nach Anerkennung nicht im Griff haben. Sie versuchen, vom anderen die Anerkennung zu erzwingen. Im ersten Fall drohen sie, wenn man nicht auch ihrer Meinung ist, mit Beleidigt- und Gekränktsein. Im zweiten Fall degradieren sie den Partner zu einem bedauernswerten Würstchen, egal ob er ihnen zustimmt oder nicht, er hat ja sowieso keine Ahnung. Das kann nicht gut gehen, das wird nicht gut gehen und das endet, so wie es immer endet: Es gibt Spannung, es gibt Streit. Es wird bald von einem Thema zu anderen gesprungen, der Ärger und die Wut über den anderen werden immer größer. Es eskaliert – siehe die Eskalationsstufen nach Friedrich Glasl.

Die Lösung besteht aus drei Teilen:

1. Mache dich nicht abhängig von der Anerkennung anderer, akzeptiere dich so, wie du bist, gib dir selber Anerkennung und versuche nicht, sie von anderen zu erpressen oder zu erbetteln.
2. Sprich subjektiv und verlange nicht von anderen, dass sie sich deiner Meinung unterordnen.
3. Akzeptiere die Meinung anderer genauso wie deine eigene Meinung. Freue dich, wenn andere dir freiwillig Anerkennung geben, und bedanke dich dafür.

Konstantin: »Stimmt wir waren in unserer Ehe beide jahrelang Bettler und Erpresser. Ich hab's einfach nur genauso ge-

macht wie meine Eltern. Ich habe ihre latenten Machtkämpfe mitbekommen. Und ehrlicherweise habe ich mich immer gefreut, wie sie sich gegenseitig intellektuell aufgestachelt haben. Irgendwann war ich genauso. Bewusst wollte ich immer alle Spannungen und Konflikte vermeiden, tatsächlich habe ich sie erzeugt, wo es nur ging.«

Elisabeth: »*Mir ging es ja ähnlich. Ich habe zu dir aufgeschaut und dir lange nicht widersprochen. Innerlich habe ich mich aber immer aufgeregt, wenn du dich wieder mal auf meine Kosten als Professor Superman gefühlt hast. Irgendwann habe ich dann angefangen, unausgesprochen an dir rumzunörgeln. In unserem großen Streit ist dann alles ausgebrochen und eskaliert – und wir haben teuer dafür bezahlt.«*

Ja, du hast recht. Was für ein genialer Satz! »Ja« ist universelle Akzeptanz. Ich akzeptiere dich, ich akzeptiere mich, ich akzeptiere die Welt. Dem anderen recht zu geben, wo er recht hat, ist auf so einfache Weise genial: Er freut sich, ich freue mich, wir freuen uns.

Wenig Aufwand, viel Ergebnis. Wenn Sätze einen Friedensnobelpreis bekommen könnten …

Spannend sind nach »Ja, du hast recht«-Aussagen die mittel- und langfristigen Retour-Wirkungen. Der andere wird, am Anfang vielleicht noch ein wenig überrascht, bald auch dir unumwunden recht geben. Und so wird bald eine neue Norm installiert.

Streit ist ein lebenslanges Thema. Damit es nicht

zum lebenslänglichen Gefängnis wird, haben wir dieses Buch geschrieben. Alles, was hier zu lesen ist, kann man sofort anwenden.

Du musst es nicht.

Du darfst es aber.

Niemand kann dich daran hindern.

Manches wird sofort gelingen, manches braucht seine Zeit. Wenn du Hilfe brauchst, hol sie dir.

Wir sind immer zu erreichen unter *www.mental-fit.de*

Wenn du andere an deinen Erfahrungen teilhaben lassen willst, tue es. Du findest sie unter *www.erfolgreich-streiten.de*. Als Tit-for-Tat-Stratege bist du automatisch Netzwerker, auch wenn du es bis eben noch nicht wusstest.

Danksagung

Die wichtigsten Erkenntnisse dieses Buches verdanken wir zwei Berufskollegen.

Der Erfurter Sozialpsychologe und Trainerkollege Martin Rieger hatte 1986 eine BBC-Sendung über die damals erstmalig veröffentlichte Tit-for-Tat-Strategie gesehen und sie uns mit glühenden Worten so lange nahegebracht, bis wir verstanden, dass es sich bei Tit-for-Tat wirklich um die universelle Konfliktlösestrategie handelt, die es bisher noch nicht gab.

Der Sozialpädagoge Dietmar Wolf, der straffällig gewordenen Jugendlichen beizubringen versucht, ihre sich verselbstständigte destruktive Aggressivität in gesunde Aggression umzuwandeln. Daraus entwickelten wir ein Training für Gesunde: Führungskräfte, Freiberufler und Selbstständige, die lernen wollten, ihre Ziele mit den gleichen gesunden Aggressionen zu erreichen wie die größten Fußballlegenden, Formel-1-Weltmeister, Tennisprofis oder Biathlonstars.

Ohne diese beiden Alltagsgenies wäre dieses Spezialwissen niemals bei uns gelandet, ihnen gebührt deshalb großer Dank.

Literatur

Axelrod, Robert: *Die Evolution der Kooperation*, München/Oldenburg 1991, 2. Auflage

Aumann, Robert J.: *Das Gesicht des Marktes*

Thomas C. Schelling: *Ökonomische Vernunft und politische Ethik*. Übersetzt aus dem Amerikanischen von Christof Wockenfuß und Ingo Pies, in: *ORDO*, Band 60, 2009, S. 495–519.

Lynch, Dudley/Kordis,Paul *Delphinstrategien*, Paidia Verlag. 2. Auflage, 1992

BBC, *Nice Guys finished first* – ZDF-Dokumentation aus dem Jahr 1986

Fisher, Roger/Ury, William/Patton, Bruce: *Das Harvard Konzept* 13. Auflage, Campus Verlag, Frankfurt/ New York 2009

Glasl, Friedrich: *Konfliktmanagement*, Haupt Verlag Bern/Stuttgart/Wien, 9. Auflage 2009

Covey, Stephen R.: *Die 3. Alternative*, Gabal Verlag, 2011

Brandenburger, Adam/Nalebuff, Barry:
Coopetition – Kooperativ Konkurrieren, Christian Rieck
Verlag, Eschborn, 3. Auflage 2012

Alessandra, Tony/O'Connor, Michael J., *Die Platin-
Regel – vom erfolgreichen Umgang mit Geschäftspartnern,
Kollegen, Vorgesetzten und Mitarbeitern*, Campus Verlag
1. Auflage 1997

Punisher, John: *Revenge – Das Schwarzbuch der Rache*,
Meetpoint Medien, Solothurn/Selzach,
1. Auflage 2001

Millman, Dan: *Der Pfad des friedvollen Kriegers*,
Ansata Verlag, August 2009